하나님의 응답을 기다리는 목마른 영혼들에게

3호실의 죄수

진 에드워드 지음 | 서은재 옮김

좋은씨앗

The Prisoner in the Third Cell

Copyright ⓒ 1991 by Gene Edwards
Korean edition ⓒ 2003 by Good Seed Publishing Company
with permission of Tyndale House Publishers, Inc.

All rights reserved.

본 저작물의 한국어판 저작권은 KCBS, Inc.를 통하여
Tyndale House Publishers, Inc.과 독점 계약한 좋은씨앗에 있습니다.
저작권 법에 의하여 한국 내에서 보호를 받는 저작물이므로
무단 전재와 무단 복제를 금합니다.

3호실의 죄수

3호실의 죄수

초판 1쇄 발행 | 2003년 10월 1일
초판 18쇄 발행 | 2025년 7월 25일

지은이 | 진 에드워드
옮긴이 | 서은재
일러스트 | 김찬우
펴낸이 | 신은철
펴낸곳 | 도서출판 좋은씨앗
1999. 12. 21 등록 제4-385호

주소 | (06753) 서울시 서초구 바우뫼로 156(양재동, 엠제이빌딩) 402호
주문전화 | (02) 2057-3041 주문팩스 | (02) 2057-3042
페이스북 | www.facebook.com/goodseedbook
이메일 | good-seed21@hanmail.net

ISBN 89-89085-83-7 03230

"하나님께서는 공평하신가?"
"하나님께서는 왜 침묵하시는가?"

이 책을 추천합니다

홍성건 목사
YWAM 동아시아 지역 책임자, 제주 열방대학 책임자

진 에드워드는 저의 영적인 항로에 큰 영향을 준 하나님의 사람입니다. 삼십 대 중반에 한국예수전도단 책임자로서 스스로의 지도력에 대해 의문을 품고 있을 때, 저는 그의 책「세 왕 이야기」를 읽으면서 주님을 섬기는 데 필요한 지도력의 원리를 배울 수 있었습니다.

이번에 출간하는 진 에드워드의 책「3호실의 죄수」는 또 다른 영역에서 이땅의 많은 독자들에게 영향을 줄 것이라고 확신합니다.

이 책은,
하나님에게 실망한 사람들,
다른 사람들과의 관계에서 깊은 상처를 받은 사람들,

도저히 받아들일 수 없는 상황들로 인하여 어려움을 겪는 사람들을 위해 쓰여졌습니다.

이 책의 주인공인 세례 요한이 바로 그러한 사람이었습니다. 그가 품은 의문들, 그가 당한 아픔들은 바로 우리들의 것입니다.

하나님은 사도 바울을 통하여 우리에게 이같이 말씀하십니다. "사람이 감당할 시험밖에는 너희에게 당한 것이 없나니 오직 하나님은 미쁘사 너희가 감당치 못할 시험 당함을 허락지 아니하시고 시험당할 즈음에 또한 피할 길을 내사 너희로 능히 감당하게 하시느니라"(고전 10:13). "우리가 알거니와 하나님을 사랑하시는 자 곧 그 뜻대로 부르심을 입은 자들에게는 모든 것이 합력하여 선을 이루느니라"(롬 8:28).

저를 통해 뜻을 이루시는 하나님의 길들에 대해 제가 진 에드워드로부터 통찰력을 얻었듯이, 독자 여러분 역시 이 책을 읽고 감동과 지혜와 통찰력을 얻게 될 것을 기대합니다.

누군가가 당신에게 고의로 큰 상처를 주었다면, 단지 당신을 해치고 꺾어버리려고 그런 상처를 주었다면, 그 사람을 용서하기가 정말 불가능할 것입니다. 하지만 이 모든 게 사실이라 하더라도 한 가지 희망은 있습니다. 도저히 받아들일 수 없는 이 상황이 바로 하나님의 허락을 거쳐 왔다는 사실을, 그분의 계획 가운데 왔다는 사실을 기억하십시오.

세례 요한

구약 시대의 마지막 선지자로서 신약 시대를 펼친 '여자가 낳은 자 중에 가장 큰 자'. 제사장 사가랴와 엘리사벳 사이에서 난 아들이고 예수님과 친척 관계이며 예수님보다 6개월 먼저 태어났다. 메시아에 대한 소망을 확신한 그는 안정된 가정 생활을 버리고 황량한 광야에서 거친 생활을 하는 고독의 길을 택한다. 이 '광야에서 외치는 소리'는 요단 강가에서 예수님을 만나는 순간부터 일대 변화를 일으키는데…

사가랴와 엘리사벳

세례 요한의 부모. 엘리사벳은 늙도록 아이를 갖지 못하다가 하나님의 은혜로 수태하여 세례 요한을 낳는다. 해산하기 몇 달 전에 마리아가 문안오자 아이가 복중에서 뛰논다고 성신이 충만하여 축복하고 찬송했다. 헤롯의 음모를 경고하는 마리아의 편지를 받고 이들 노부부는 요한을 지키기 위해 뜨거운 모래바람이 몰아치는 광야로 들어가기로 결심하는데…

하느엘과 바르낙

세례 요한의 부자 친척들. 열두 살의 어린 소년 요한이 졸지에 고아가 되자 후견인이 되어주겠다고 나선다. 종교적인 거룩함에 돈과 권력의 냄새마저 물씬 풍기는 이들은 후에 상상하지 못할 장소에서 만나는데…

등장인물

에센

사해의 서쪽 광야에 주로 모여 살던 유대교의 한 종파 사람들. 이들 금욕주의자들은 약 4천 명 정도가 모여 살았는데, 늘 흰 옷을 입고 독신을 강조하며 손 씻는 결례, 세례, 기도 등을 행하는 엄격한 생활을 했다. 죽음을 무릅쓰고 사가랴와 엘리사벳이 어린 아들과 함께 이들을 찾아갔을 때 따듯하게 맞아준다. 나중에 고아가 된 요한은 다시 이들을 찾아가는데…

프로테우스

헤롯 왕의 감옥을 지키는 시위 대장. 광야에서 세례 요한의 설교를 한번 들은 후 남몰래 그에게 호감을 느낀다. 어느날 더럽고 험하기로 악명 높은 3호실 지하 감방에 들어오는 죄수가 다름아닌 세례 요한임을 알고 놀라는데…

나답

세례 요한의 제자. 감옥에 갇힌 요한의 질문을 대신 전하기 위해 예수님께서 병자들을 고치고 계신 나인 성까지 먼 길을 찾아간다. 그러나 예수님으로부터 들은 대답에 그는 고개가 갸우뚱해지는데… 축축한 감옥 바닥에 요한과 마주 앉은 그는 과연 요한에게 어떤 말을 전하는가?

헤로디아와 살로메

세례 요한을 죽음으로 몰아가는 악독한 모녀. 헤로디아는 헤롯 왕이 동생의 아내였던 그녀를 취한 일을 요한이 비난하자 분을 못이겨 펄펄 뛰며 복수의 칼날을 간다. 마침 헤롯 왕의 생일 축하 자리가 열리자 헤로디아는 어린 딸 살로메에게 음란한 춤으로 헤롯 왕의 혼을 쏙 빼놓게 하고 은밀한 계략을 실천하는데…

프롤로그
Prologue

"새로 온다던 죄수가 도착했습니다."
"소문이 사실인가?"
시위 대장이 물었습니다.
병사는 아무 말 없이 파피루스 한 장을 프로테우스 앞에 내밀었습니다.
"헤롯 왕은 제정신이 아닌 것 같군. 저러다가 곧 제 아버지처럼 미치는 건 아닌지 모르겠어."
시위 대장은 계속해서 말했습니다.
"이 사람을 감옥에 가두면 민란이 일어날 게 뻔한데 말이야. 평민들 대부분이 격분하고 있잖아."
"대장님, 이렇게 말씀드리면 안 되는 줄 알지만, 전 도저히 못하겠습니다."
병사 한 명이 떨리는 목소리로 입을 열었습니다.
"저 사람을 여기에 가두지 않으면 좋겠습니다. 제 손에 저 사람의 피를 묻히기 싫습니다. 솔직히 말해서 두렵습니다. 광야에서 저 사람이 설교하는 것을 들어본 적이 있는데, 저 사람을 가두었다가 하나님께서 우리를 어떻게 하시는 건 아닌지 너무 두렵습니다."

"자넨, 자네 의무만 다하게. 방이나 준비해."

"빈 방은 하나밖에 없습니다, 프로테우스 대장님."

"그렇다면 그 방을 준비하게."

"준비할 것도 없습니다. 3호실입니다."

"뭐? 그 구덩이? 하나님의 거룩한 자를 그런 생지옥에 집어넣어야 한단 말인가?"

"대장님, 그보다 더 골치 아픈 문제가 있습니다."

"뭔가?"

"나머지 죄수 두 명이 3호실에 누가 들어왔는지 알고 어떤 반응을 보일지 우려됩니다."

"그래, 자네 말에 부정은 못하겠군."

프로테우스는 한숨을 내쉬었습니다.

그때, 계단 위쪽으로 난 문이 열렸습니다.

열린 문틈으로 병사 두 명과 죄수 한 명의 형체가 보였습니다.

"헤롯이 저 자를 얼마나 더 살게 둘런지…."

시위 대장은 씁쓸히 중얼거렸습니다.

> 검을 가지는 자는 검으로 죽는다.
> 검 가지기를 거부하는 자는 십자가에서 죽는다.

1

　엘리사벳이 문을 열자 베들레헴에서 온 한 젊은 친척이 인사를 건넸습니다.
　"요셉과 마리아가 급한 전갈을 보냈습니다."
　"어서 들어오렴."
　엘리사벳이 대답했습니다. 때마침 사가랴가 세 살 난 사내아이를 안고 방으로 들어서고 있었습니다.
　"여기 편지와 작은 꾸러미가 있어요. 모두 요셉과 마리아가 보낸 겁니다."
　편지를 본 엘리사벳은 입을 열었습니다.

"대신 좀 읽어줄 수 있겠니? 눈이 나빠진 지 오래되어 이렇게 작은 글씨는 읽을 수가 없단다."

젊은이는 밀봉된 작은 두루마리를 뜯은 후 목청을 가다듬고 읽기 시작했습니다.

"최근 저희에게 이상한 일이 일어났습니다. 두 분의 아이와 저희 내외의 아이가 태어났을 때 일어난 일만큼이나 희한한 일입니다. 바로 어제 바벨론 점성가 세 명이 저희를 찾아왔답니다. 그리고 간밤에 요셉이 꿈을 꾸었는데 정말 이상한 꿈이었어요. 꿈에서 저희 아이가 악당 헤롯 왕 때문에 큰 위험에 처해 있었습니다.

저희는 지금 베들레헴을 떠나려고 합니다. 애굽으로 가려고요. 구체적으로 어떤 위험인지는 모르겠지만, 이 상황이 지나고 나면 돌아오겠습니다.

그런데 위험에 처해 있는 건 비단 저희 아들만은 아닌 것 같습니다. 요한 역시 위험한 것 같습니다. 어쩌면 유대 지방에 있는 맏아들들은 모두 위험에 처해 있는지도 모르겠습니다. 부탁컨대, 두 분도 유대 지방을 즉시 떠나셨으면 합니다. 어디라도 가세요. 가장 가까우면서도 숨어 있기 안전한 곳은 광야가 아닐까 합니다.

편지와 함께 작은 꾸러미를 보냅니다. 설명드리지 않으면, 가난한 목수 내외한테 웬 금이 다 있을까 하면서 평생 궁금해 하시겠지요? 바벨론에서 온 점성가들이 저희에게 선물을 몇 가지 주었답니다. 그 가운데 하나가 금화가 든 상자였는데, 이것을 두 분과 함께 나누려고 합니다.

주님의 이름으로 간곡히 부탁드립니다. 오늘 유대를 떠나세요. 내일이면 늦을지 모릅니다. 나중에 애굽에서 돌아와 두 분을 찾아뵙는 날이 곧 오겠지요."

편지에는 요셉과 마리아의 서명이 있었습니다. 그 편지와 함께 젊은이가 작은 가죽 주머니를 내밀자, 사가랴는 얼른 그 주머니를 열어보았습니다. 주머니에는 금화 몇 닢이 들어 있었습니다. 잠시 침묵이 흘렀습니다. 엘리사벳은 선물은 보는둥 마는둥하고 대뜸 이렇게 말했습니다.

"헤롯에 대해 이렇게 추측하는 것도 무리가 아니라고 생각해요. 하나님의 원수인 그 자는 그런 일을 하고도 남을 사람이니까요. 우리도 즉시 떠나는 게 좋겠어요."

이 말을 들은 사가랴는 소식을 알려준 젊은이에게 짧게 말했습니다.

"이제 가게. 이 사실을 아무에게도 말하지 말고."

젊은이는 허리를 굽혀 정중히 인사하고 그곳을 떠났습니다.

"당신 말이 옳소, 엘리사벳. 당장 광야로 가는 게 좋겠소."

"하지만 그곳에서 어떻게 살지요? 안전하려면 광야 깊숙이 들어가야 하는데, 거기서 살아남을 사람이 누가 있을까요?"

"아무리 생각해도 정말 힘든 일이겠지. 하지만 에센파들은 거기서도 살지 않소. 그 사람들 역시 가족이 있고 자식이 있으며 집도 있다오. 우리 아이도 거기서 살아남을 수 있을 거요."

사가랴의 얼굴에 뜻 모를 미소가 번졌습니다.

"당신과 나도 그곳에서 살 수 있을 거요. 얼마나 될지 모르겠지만."

2

바람은 매서웠습니다. 광야의 열기는 사가랴와 엘리사벳이 생각했던 것보다 더했습니다. 깎아지른 듯한 절벽은 용광로처럼 뜨거웠습니다. 바람에 불어오는 모래까지 얼굴에 화상을 입힐 정도로 뜨거워, 불 타오르는 용광로 속으로 감히 들어가는 모든 생명은 그 열기에 사그라질 것만 같았습니다. 마실 것은 부족했고 먹을 것도 찾아볼 수 없었습니다. 살인적인 열기에 지친 사가랴는 몇 번이나 의식을 잃었습니다.

끓어오르는 지옥 같은 곳을 여행한 지 일주일 만에

세 나그네는 에센들이 모여 사는 작은 마을에 도착했습니다. 며칠 그곳에서 쉬고 난 후 그들은 찜통 같은 모래사막과 바위 언덕을 지나 더 깊은 곳으로 들어갔습니다. 마침내 그들은 에센들이 가장 많이 정착해 사는 곳에 도착할 수 있었습니다.

근엄한 표정을 한 에센들은 이들 셋을 따듯하게 맞아 주었습니다. 몇 주 지나지 않아 노부부와 어린 아들은 신앙심 깊은 금욕주의자인 이 낯선 공동체의 일원이 되었습니다.

한숨을 돌리기가 무섭게 사가랴는 병을 앓기 시작했습니다. 사방에 더위가 퍼져 있고 이 지옥 같은 곳 어디에도 사가랴가 몸을 피할 곳은 없었습니다.

이 노인은 자신의 목숨이 오늘, 내일하고 있음을 감지했습니다. 그는 자신의 몸을 젖은 헝겊으로 감싸며 정성껏 간호해주는 마을 아낙네들의 보살핌 속에서 여생의 마지막을 보냈습니다. 결국 한밤중 더위가 가라앉을 무렵, 사가랴는 아내와 어린 아들을 남겨둔 채 하나님 앞에 그의 영혼을 맡겼습니다.

몇 해가 흐르고 어린 요한은 에센 파 사이에 머무르며 에센 파로 자라났습니다. 아니, 처음부터 이 소년은 광야 속 은둔자들의 공동 생활에 딱 맞는 기질을 타고났던 것 같았습니다.

황무지의 강한 더위는 엘리사벳에게까지 세력을 뻗쳤습니다. 이런 불바다 속에서 오래 버틸 노인이 어디 있겠습니까? 엘리사벳의 기력마저 쇠하고 거동이 불편해졌을 때에야 드디어 헤롯이 죽었다는 소식이 들려왔습니다.

그 소식을 듣자마자 엘리사벳은 유대 땅 시원한 언덕에 위치한 고향으로 돌아가기로 마음먹었습니다. 몇몇 에센들의 도움을 받아 엘리사벳은 혼신의 힘을 다해 아들과 함께 고향에 무사히 도착했습니다.

그러나 요한이 열두번째 생일을 맞은 지 얼마 지나지 않아 엘리사벳 역시 사가랴의 뒤를 이었습니다. 요한은 이제 고아 신세가 되었습니다. 엘리사벳의 가까운 친족들은 천사가 그녀를 찾아왔던 곳에서 멀리 떨어지지 않은 곳에 그녀를 묻어주었습니다. 이 세상의 아기 가운데 가장 놀라운 아기를 낳을 것이라는 예언을 들었던 바로 그곳 말입니다.

이제 양친이 모두 세상을 뜬 상황에서 요한은 어디에서 살아야 하는 걸까요? 장성한 어른이 되기까지 누가 이 소년을 돌보아줄까요? 함께 집으로 들어가는 요한과 친족들 모두의 머리 속에 이 같은 질문이 맴돌았습니다.

3

 "요한아, 네 어머니가 돌아가셔서 우리 마음도 몹시 아프구나."

 하느엘의 목소리였습니다. 그는 이스라엘에서 가장 독실한 신자라고 인정받는 인물이었습니다.

 "하지만 이제 결정해야 하지 않겠니? 내일 우리는 모두 각자의 집으로 돌아가야 한다. 우리 가운데 누구와 함께 살 것인지 결정하는 것은 네 몫이란다. 나는 너와 그리 가까운 친척은 아니다만, 너의 독실한 유대교 신앙을 알기 때문에 이 자리에 함께했다. 하나님의 섭리에 따라 필요할 경우 너를 입양하는 문제를 놓고 네 어머니와 상의를 한 적도 있단다.

요한아, 네가 너의 미래에 대해 어떤 생각을 갖고 있는지 잘 알고 있단다. 넌 언젠가 하나님을 섬기게 될 테지. 내 생각엔 말이다, 지금 너는 나와 함께 사는 것이 최선의 방책인 것 같다.

하나님께서는 나에게 정말 특별한 은혜를 부어주셨단다. 우리 가족은 그야말로 독실한 신자들이다. 기도도 하고 금식도 하지. 가족 모두가 하나님께 헌신하고 있다. 두루마리 성경도 몇 장 있단다. 그런 것까지 갖고 있는 집은 드물다는 것을 알지?

친척들이 보는 앞에서 맹세하마. 네가 최고의 랍비들에게 교육을 받도록 하마. 가능한 최고의 신앙 교육을 받을 수 있도록 약속하마. 우리 집은 꽤 크고 안락하단다. 거기서 마음 놓고 원하는 만큼 기도하렴. 신앙 훈련을 하고 싶으면 어디든 다녀와도 좋다.

스물한 살이 되면 예루살렘 성전에 들어가 바리새인들 밑에서 공부를 하거나 성전 제사장이 되는 훈련을 받을 수 있게 해주마. 물론 네가 원한다면 말이야. 너는 레위 지파가 아니라 유다 지파이기는 하지만, 성직을 받아내는 데 문제는 없을 거다. 레위 제사장직까지 포함해서 말이다. 넌 이미 나실인의 서원을 한 몸이니까."

하느엘의 말이 그친 뒤에도 요한은 아무 말을 하지 않았습니다. 그의 표정에선 아무런 감정을 읽을 수 없었습니다.

이제 바르낙이 입을 열었습니다. 그는 사가랴의 조카이자 굉장한 영향력과 정치 권력과 부를 소유한 인물이었습니다.

"요한아, 물론 너는 나실인의 서원을 계속 지켜가고 싶겠지. 하지만 앞으로 살면서 그와 다른 길을 걸어야겠다고 마음을 바꾸게 될지 누가 알겠니?

나와 함께 살면 이스라엘에서 최고 교육을 받게 될 것을 보장하마. 정계에서 내가 차지하고 있는 위치에 대해서야 새삼 말할 필요도 없지만, 나는 최고위층의 권력을 누리고 있단다.

너는 우리나라의 저명 인사들 사이에서 자라게 될 거

다. 내 친구들 가운데는 고위 관원들이 많으니 말이다. 나에게는 지위가 있고 명예가 있으며 상당한 권력도 있다. 우리 집의 일원이 된다면 너는 엄청난 영향력을 행사하는 사람들과 친구가 될 수 있다. 네가 네 목표를 이루는 데 적잖은 도움을 줄 사람들이지. 그 목표가 무엇이든 말이야. 다시 한번 말하지만, 우리 집에 오는 게 너에게 가장 좋을 거다."

이번에도 요한은 아무 말도 하지 않았습니다.

이제 요셉과 마리아의 차례가 왔습니다. 마리아는 이야기를 시작했습니다.

"요한아, 우리는 너에게 줄 수 있는 게 별로 없단다. 있다고 해봐야, 사촌 동생들과 즐겁게 지낼 수 있는 것 말고는 아무것도 없구나. 우리는 식구가 많잖니. 특별히 너와 우리 큰아들은 어릴 때부터 사이가 각별했잖아. 네가 우리 집에 오면 목공소에서 일해야 할 거야.

앞에서 어른들이 말씀하시는 것을 들어보니, 두 분 가운데 한 분을 따라가는 게 현명하지 않을까 싶다. 사실 우리 집으로 오라고 말하기가 무안하구나. 알다시피 우리 집은 가난하단다. 하지만 넌 더없는 사랑을 받을 거야."

"저도 알아요."

마침내 요한이 입을 열었습니다.

"세 분 가운데 한 분을 따라야 한다면 당연히 이모님을 따르겠어요."

"그럼, 우리 집에 와서 살겠다는 말이니?"

"아니오."

요한은 마리아의 얼굴을 조용히 바라보며 대답했습니다.

마리아는 자기도 모르게 입에 손을 갖다대었습니다.

"에센들에게 가겠다는 거구나, 그렇지?"

말을 멈춘 마리아의 얼굴에는 분명한 대답을 재촉하는 표정이 역력했습니다.

"네, 맞아요. 전 이미 그곳 사람인 걸요."

잠시 침묵이 흘렀습니다.

"요한아."

마리아가 다시 말했습니다.

"혹시 그 소식 들었니? 에센 파 몇몇 가족들이 나사렛으로 이사를 왔단다. 너도 알지? 거기서 너랑 친하게 지내던 사내아이 두 명 말이야. … 아, 그래 … 그러니까 작은 애의 눈동자가 녹색이었는데…"

"이모님."

말을 중단시키는 요한의 어조는 강하고 단호했습니다. 이는 전혀 일개 히브리 소년답지 않은 모습이었습니다.

"저는 제가 무엇을 해야 할지 잘 알고 있어요. 이 부분에 대해 하나님은 저에게 분명한 뜻을 보이셨어요. 전 광야로 돌아가 거기서 살 작정입니다."

이윽고 요한은 하느엘과 바르낙을 바라보았습니다.

"두 분의 친절한 제안, 정말 고맙습니다. 두 분 모두 저에게 늘 인자하셨고 상냥하게 대해주셨어요. 저의 장래에 대해 염려해주신 것 또한 감사합니다. 하지만 저는 제 자리가 어디인지 알고 있습니다. 전 광야로 돌아가겠어요."

요한은 다시 마리아에게 얼굴을 돌렸습니다.

"이모님은 제 어머니의 절친한 친구십니다. 어머니가 얼마나 이모님을 아끼셨는지 아시죠? 어머니는 이모님 이야기를 자주 하셨어요. 그렇지만 전 이제 이곳을 떠나야 합니다. 혼자서요. 하나님께서 아버지와 어머니를 데려가셨으니 저에겐 어떤 의무도 없는 셈입니다. 부양해야 할 형제도, 자매도, 조부모도 없어요."

요한은 잠시 말을 멈추었습니다.

"제 염려는 너무 하지 마세요. 제가 어떻게 될까봐 걱정되시겠지만 전 괜찮아요. 하나님께서 지켜주실 거예요."

"하나님께서 다른 말씀을 주시기 전까지는 광야에서 살아야 한다는 것 외엔 저도 자신 있게 말씀드릴 게 없어요. 하지만 또 한 가지 분명한 것은, 에센들과 함께 광야에 머물면서 하나님께서 제게 원하시는 바가 무엇인지 발견할 것이라는 사실입니다. 다름 아닌 광야에서 저는 답을 얻을 겁니다. 하나님의 뜻을 이루기 위해 제 자신을 준비해야 할 곳은 큰 성읍도, 시골 마을도 아닌 오직 광야입니다."

다음날 아침, 아직 열세 살밖에 안 된 이 소년은 바르낙과 하느엘, 요셉과 마리아 그리고 한 살 어린 사촌 동생 예수에게 작별 인사를 했습니다.

# 4

    요한은 다시 에센들이 사는 곳으로 돌아갔습니다. 그를 양자로 삼은 사람이 있는 것은 아니었습니다. 요한은 거기서 혼자 살았습니다. 먹고 마시고 입는 등 기본적인 필요를 자기 힘으로 채워나갔습니다.

    요한은 여전히 포도주에 손도 대지 않았습니다. 이땅에 태어난 이후 요한은 단 한 번도 머리카락을 자른 일이 없었습니다. 혹여 이것이 그의 삶에서 자랑거리가 될 새라 요한은 머리카락을 전혀 돌보지 않았습니다. 덕분에 그의 길고 아름다운 머리카락은 빛을 발하지 못했습니다.

그는 대부분의 시간을 기도하고 금식하며 보냈습니다. 피곤한 탓에 손가락은 간혹 진홍빛으로 변했으며, 몸이 약해져 다리는 몸무게를 지탱하지 못하고 후들거리기 일쑤였습니다. 몇 날 며칠을 오로지 기도하는 일에만 보낼 때도 있었습니다. 광야의 혹독한 맹위로부터 완전히 무방비 상태로 말입니다. 그의 삶은 검소했고 태도는 엄격했습니다.

몇 년이 흐르고 요한은 광야를 정처 없이 걸어다니기 시작했습니다. 작열하는 태양볕에 살갗은 벗겨지고 얼굴엔 주름살이 움푹 패이기 시작했습니다. 요한은 그런 것들을 대수롭게 여기지 않았습니다.

광야에서 맞는 고된 여행길이야말로 요한이 가장 고대하던 시간이었기 때문입니다. 그곳에서 그는 누구의 방해도 받지 않고 하나님과 홀로 대면할 수 있었습니다. 사나운 바람과 용광로 같은 열기, 작열하는 태양볕, 칼날 같은 모래바람도 그에게는 가장 가까운 동반자였습니다.

어느덧 요한은 서른이 되었습니다. 관습에 따라 거룩히 구별된 자들이 훈련 기간을 마치고 사역에 임하는 그때, 요한은 광야의 바람결에서 하나님의 음성을 들었습니다.

 태양빛 사이로 그분의 얼굴을 뵈었습니다.

 휘몰아치는 모래바람 속에서 그분의 임재를 느꼈습니다.

 그는 어느새 에센들 사이에서 신비한 존재요, 전설이 되었습니다. 이 세상에 그와 같이 삶을 완전히 하나님께 드린 이가 없을 것이라고 에센들은 확신했습니다.

 주님을 알아가는 고행을 방해받을까봐 인간이 누릴 수 있는 안락함을 그처럼 철저하게 포기한 이도 없었습니다.

 에센들뿐 아니라 유목 부족들까지 그들 사이에서 한 예언자가 성장하고 있음을 의심하는 사람은 아무도 없었습니다. 광야에서 하나님의 사람이 탄생한 것입니다.

 그만큼 요한은 세상이 지금껏 보아온 인물들과는 다른 사람이었습니다. 하나님에 대한 그의 헌신은 절대적

이었으며, 그의 삶에서는 하나님을 대변하는 소명 말고는 아무것도 없었습니다. 가족도, 재밋거리도, 친구도, 동료도 없었습니다. 그런 상황 속에서 요한은 아내나 가정, 자식을 갖고 싶다는 마음조차 품지 않았습니다.

요한의 삶은 모두 하나님을 위한 것이었습니다. 아브라함이나 모세, 엘리야나 엘리사 또는 아모스 등 그 누구의 헌신도 오직 하나님과의 우정과 교제에만 전념했던 이 금욕주의자 앞에서 고개를 숙일 수밖에 없을 것입니다.

이전까지 세상은 요한 같은 이를 본 적이 없었으며, 이후로도 다시는 그 같은 이를 볼 수 없었습니다.

어느 날 저녁, 요한은 사해가 내려다보이는 사암 절벽에 서서 들쭉날쭉한 언덕들 너머 붉게 타오르는 태양을 바라보고 있었습니다. 그때 하늘에서 음성이 들려왔습니다.

"요한아, 이제 때가 찼노라. 네 삶의 목적을 이룰 때가 가까이 왔노라. 가라. 그리고 주의 날을 선포하라. 산들을 낮추고 골짜기를 메우라. 메시아를 위해 그의 길을 예비하라. 이제 가라. 좌로나 우로 치우치지 말며 너의 인생에 다른 소망은 결코 두지 말라. 지금까지 네가 받은 것보다 더 위대한 책무를 맡은 사람은 없었느니라."

5

이 광야의 예언자와 제일 먼저 대면한 사람은 유목 상인들이었습니다. 그의 몸이 너무 야윈 탓에 상인들은 자신의 눈을 의심할 정도였습니다. 처음에 이들은 그를 대수롭지 않게 여겼습니다.

"웬 미친 남자가 광야를 떠돌아다니는 거겠지."

불쌍한 마음에 이렇게 말하는 이도 있었습니다.

"쯧쯧, 더위 때문에 에센 파 한 명이 미쳐버렸나보군."

이 정체 불명의 사나이가 유대인이라는 것은 틀림없

었습니다. 하지만 그는 지저분한 낙타 털옷을 입고 있었습니다. 게다가 얼마 후에는 그가 메뚜기를 주식으로 먹는다는 소문이 퍼졌습니다. 메뚜기는 정말 가난하여 먹을 게 없는 사람이 아니면 좀처럼 먹는 음식이 아니었습니다.

풍기는 인상으로 보아 그는 영락없는 미치광이였지만, 그가 하는 이야기는 예언자가 아니고는 할 수 없는 말들이었습니다. 손질도 하지 않은 그의 머리는 무릎까지 흘러내렸습니다. 그의 얼굴은 무척 나이 들어 보였지만 활기찬 목소리는 청아하게 울리며 그가 아직 젊다는 사실을 말해주고 있었습니다. 그의 눈은 광야의 타오르는 열기마냥 날카로운 빛을 발했습니다.

사람들은 자기도 모르게 멈추어 서서 그를 응시했으며, 곧 그의 말에 귀를 기울였습니다. 그의 목소리는 또렷이 울려퍼졌습니다. 그가 하는 말은 장엄하고 담대했으며 시적이기까지 했습니다. 한 마디 한 마디에 힘이 담겨 있었습니다. 사람의 머리로는 이해할 수 없는 고결한 위엄의 빛이 뿜어져 나왔습니다.

상인들은 하나 둘 발걸음을 멈추고 그의 주변에 빙 둘러섰습니다. 모든 사람들이 그가 하려는 말에 귀를 기울였습니다.

　광야를 지나던 이 나그네들이 들었던 말씀은 그들의 마음에 울려퍼지며 깊은 감동을 주었습니다. 연이어 그는 각 사람이 모두 죄인임을 선포했습니다. 그가 하는 말에 모두들 용기를 잃었습니다. 그가 하는 예언은 고사하고 요구하는 것조차 도저히 믿고 따를 수 없었기 때문입니다. 요한은 청중들에게 근본적으로 변화할 것을, 그것도 지금 당장 그 자리에서 변화할 것을 요구했습니다.

　이 말을 정말 따를 사람은 아무도 없을 것이라고 그들은 생각했습니다.

　상인 한 무리가 가면, 또 다른 상인들이 왔고 그들 역시 멈추어 서서 그의 말을 들었습니다. 광야를 지나 마을로 들어가는 이들은 모두 광야에 사는 미치광이, 아니 귀 기울여 듣는 모든 사람에게 용감하게 설교하는 이 예언자에 대한 소식도 함께 갖고 갔습니다.

"왜 그 사람은 마을로 들어와 설교하지 않는 걸까요? 유명한 예언자들마다 많은 사람들이 듣도록 광장 한가운데 서서 설교하잖아요. 설마 사람들이 자기 말을 들으러 그 지긋지긋한 지옥 같은 곳을 찾아갈 거라고 생각하는 건 아니겠죠? 제 정신이 아니고서야 누가 길도 없는 황무지를 찾아들어가 뙤약볕 밑에 서서 그의 말을 들으려 하겠어요? 그것도 하나같이 수긍하기 어려운 요구만 해대잖아요. 정말 그 사람 미쳤나봐요."

하지만 그런 일은 일어나고야 말았습니다. 상인들 가운데 돌아가는 길에 이 광야의 예언자를 찾아가는 사람들이 생겼습니다. 광야 가까이 사는 마을 주민들도 그의 이야기를 들어보려 광야로 나갔습니다.

그들의 눈은 진리를 구하고 있었고, 마음은 텅 비었으며, 영혼은 굶주려 있었습니다. 그들은 자신에게 없는 그 무엇을 애타게 구하고 있었습니다. 그들은 공허한 자신의 삶을 이끌고 길도 없는 황무지로 들어섰습니다. 그 예언자를 찾아서 말입니다.

처음에 그의 말을 듣는 사람은 얼마 되지 않았습니

다. 하지만 그들은 집으로 돌아가 주위 사람들에게 들은 것을 이야기해주었습니다. 이 광야의 예언자에 대한 소문은 유대와 갈릴리 지방에 두루 퍼져나갔습니다.

하나 둘 모여들던 사람들이 수백 명으로 늘더니 나중에는 수천에 이르렀습니다. 그들은 모두 타는 듯한 모래 위를 두 발로 걸어왔던 것입니다. 그들의 숫자는 하루가 다르게 늘어갔습니다.

그들은 모두 들었습니다. 어떤 이들은 울었으며 어떤 이들은 간절한 마음으로 무릎을 꿇었습니다. 많은 사람들이 목놓아 울며 감히 용서를 구했습니다. 갈채를 보내는 사람들도 있었습니다. 조롱하는 이는 아무도 없었습니다. 비난하는 사람은 아무도, 아니 적어도 평민들 사이에서는 없었습니다.

하지만 아직 그의 설교를 들어보지 못한 이들이 있었으니 바로 광야에서 아득히 먼 곳, 예루살렘에 사는 이들이었습니다. 그들은 요한에 대한 증언을 모아 이리저리 재어보고는 유죄 판결을 내려버렸습니다. 그를 보지도, 그의 말을 듣지도 않은 채 말입니다. 평결은 간단했으며 모두에게 익숙한 내용이었습니다. 그것은 세대를 막론하고 그 시대에 순응하지 않는 자에게 붙여주는 딱지였습니다.

"귀신이 들렸다."

어떤 이들은 찾아와 그의 발 앞에 엎드렸습니다. 그들의 목적은 명확했습니다. 요한의 제자가 되는 것이었습니다. 그들의 뜻은 이루어졌습니다.

이 소수의 제자들은 요한의 생활 방식을 그대로 따르며 잠시라도 그와 떨어지지 않았습니다. 요한처럼 그들도 금욕적이고도 엄격하게 살며 인생의 재미와도 거리가 먼 사람들이 되었습니다. 요한의 마음에 얹혀 있던 이스라엘이 지은 죄의 무게까지 그들은 함께 지고자 했습니다. 이들은 요한의 위대한 임무, 메시아의 오심을 예비하는 임무에 동참했습니다.

사람들은 요한의 이야기를 전혀 예상할 수 없었습니다. 매일 선포하는 이야기가 달랐기 때문입니다. 그동안 한 번도 들어본 적 없던 이야기들이 매일, 아니 매시간 요한의 입에서 터져나왔습니다. 온갖 주제를 넘나드는 담대하고 거침없는 설교에 온 무리와 제자들은 경외심을 느꼈습니다.

유난히 무덥던 어느 날, 모여든 군중의 끝이 보이지도 않던 그때, 요한은 이렇게 외쳤습니다.

"안식일 다음날 요단 강으로 갈 것이니라. 거기서 자기 죄를 회개하는 모든 이들에게 세례를 베풀리라. 이제 오실 주님을 위해 자기 삶을 예비하는 모든 자들에게 내가 세례를 베풀리라."

그날 요한이 얻은 새 이름은 곧 온 이스라엘 사람들의 입에 오르내리게 되었습니다. 바로 세례 요한이라는 이름이었습니다.

6

　사람들은 요한이 하는 말을 들으러 나아왔습니다. 각자의 인생 속에 존재하는 깊은 공허감을 채울 무언가를 찾기 위해 나아왔습니다.

　상인들은 요한의 말을 듣고 부도덕했던 관행을 회개했으며, 전설적인 요단 강 물로 세례를 받았습니다. 군병들도 나아와 포악한 만행을 회개하고 세례를 받았습니다. 낙타몰이꾼들도 나아왔으며, 시골뜨기 농부들과 어부들, 평범한 주부들과 덕망 있는 여인들 그리고 매춘부들까지 각계 각층의 사람들이 요한에게 나아왔습니다. 요한에게 나아온 사람들은 모두 마음속에 은밀히 죄를 숨겨둔 것 같았습니다. 그들은 각자의 죄를 회개하고 요단 강 물 속으로 깊숙이 몸을 담그었습니다.

유대인들은 요단 강 물에 몸을 담그는 것이 관습적으로 어떤 의미를 갖는지 잘 알고 있었습니다. 그것은 죽음, 곧 모든 것의 종결을 뜻했습니다.

자기 차례를 기다리는 이들은 요단 강 동편 둑 위에 줄지어 서 있었는데, 그곳은 이방 땅이었습니다. 그곳에서 그들은 물 속으로 푹 잠겨 완전히 사라졌습니다. 죽음을 맞이한 것입니다.

그러나 그들은 곧 물 밖으로 나와 요단 강 서편의 둑으로 걸어나갔습니다. 약속의 땅으로 들어가 하나님 안에서 얻은 새로운 삶을 시작한 것입니다. 이 단순한 의식은 그들 마음속 깊이 뿌리박혔습니다.

그러던 어느 날, 요단 강에서 여느 때와 다른 특별한 일이 일어났습니다. 그 사건은 마차 몇 대가 요단 강가에 도착하면서 시작되었습니다. 고위 관리가 보낸 듯한 한 파견대는 이미 도착해 있었습니다. 도대체 얼마나 대단한 유명 인사가 이 외딴 곳에 행차한 걸까요?

마차에서 내린 이들은 이스라엘의 종교 지도자들이었습니다. 옷을 잔뜩 차려 입은 이들이 눈에 들어오자 요한은 일시에 동작을 멈추었습니다. 겉으로 드러난 표정만 보아서는 그의 속마음을 읽을 수 없었습니다.

종교 지도자들은 군중을 뚫고 걸어 들어왔으며, 요한은 평민들이 머리를 숙이거나 무릎을 꿇고 이들에게 경의를 표하는 것을 바라보았습니다. 전 세대에 걸쳐 가장 위대한 이 불순응주의자에게 이같은 장면이 마음에 들 리 없었습니다.

요한은 마차에서 내리는 한 사람 한 사람의 얼굴을 읽어내려갔습니다. 어떤 이들의 얼굴에는 요한에 대한 조소가 가득했습니다. 그들은 요한을 대적할 증거를 찾아내어 힐문하기 위해 그 자리에 온 것입니다. 또 어떤 이들의 얼굴에는 반신 반의하는 표정이 역력했는데, 그들은 요한이 참 선지자인지 아닌지 가려내기 위해 온 것입니다.

그들 가운데 젊은이 몇 명은 요한이 하나님의 사람이

라는 것을 진심으로 믿고 있었습니다. 젊은이들은 덕망 있는 선배 지도자들이 겉으로는 표현하지 않았던 자기들의 의견에 동의해주리라 은근히 기대하고 있었습니다. 나이 지긋한 지도자들이 요한을 반가이 맞아들인다면, 젊은 지도자들 가운데 원하는 이들은 요한의 제자가 될 수도 있는 일이었습니다.

하지만 요한은 이미 그 이상의 것을 보고 있었습니다. 그는 군중 속을 헤치고 걸어오는 이들의 마음속을 꿰뚫어보았으며, 그들이 갖고 있는 근원적인 연약함을 간파해냈습니다. 낡은 종교 관습과 맞설 만한 용기를 가진 자는 그들 가운데 아무도 없었습니다.

군중들은 이 거드름 피우는 지도자들에게 계속 길을 내어주고 있었습니다. 지도자의 위신에 걸맞는 자리를 내기 위해 파견대는 열심히 군중 앞쪽으로 길을 헤쳐나가고 있었습니다. 광야의 예언자가 예견했던 어떠한 치욕도 이것과 비교할 수는 없었을 것입니다.

이 시대 난무하는 종교적 관습이 여기까지 세력을 뻗치려는 걸까요? 그 지긋지긋한 관습들을 감히 이곳에까지 와서 강요하려는 걸까요? 감히 이곳까지 나아오다니! 교만과 멸시와 경멸감을 지닌 채 여기, 이곳까지 나아오다니!

요한이 이땅에 온 것은 그들과 타협하기 위해서도, 그들을 하나님 편으로 끌어들이기 위해서도 아니었습니다. 그들은 하나님으로부터 온 권위가 자신들에게 있다고 생각하는 자들이었습니다.

요한은 불가능한 것을 시도하려 하지 않았습니다. 거대한 종교 조직에 있는 지도자더러 그 조직에서 나오라고 해보았자 전혀 먹히지 않을 테니 말입니다. 더욱이 이들이 나타나면서 세례 받은 이들이 세상의 많은 조직적인 관습들을 내려놓음으로써 얻었던 자유까지 왜곡될 위험에 처했습니다.

그리하여 요한은 전쟁을 선포했습니다. 이스라엘에서 가장 존경받는 인물들과 벌이는 규칙도 제한도 없는 전면전. 그는 그곳에 있는 모든 사람들이 자신의 마음을 알기를 원했습니다. 이 전통주의자들이 하나님의 백성들의 마음과 영혼에 묶어놓은 굴레를 보며 그가 무엇을 느꼈는지 알기 원했던 것입니다.

과연 그가 느낀 것은 무엇이었을까요? 그가 느낀 것은 이 종교적인 문화 전체가 완전히 사라져야 한다는 것이었습니다.

그 순간 요한이 마땅히 해야 할 일은 우레와 같은 노를 발하는 것뿐이었습니다. 요한은 사자와 같이 포효했습니다. 집게손가락을 단호히 내밀며 토해내는 경고에 온 하늘과 땅이 산산 조각나는 듯했습니다.

"누가, 대체 누가 너희에게 회개하라고 했느냐?"

"너희 독사의 자식들아, 여기에 대체 무엇하러 왔느냐!"

군중들은 어안이 벙벙해졌습니다. 감히 종교 지도자들에게 그렇게 말한 사람은 아무도 없었습니다. 많은 이들은 무의식적으로 일어섰습니다. 얼마 지나지 않아 몇몇 사람들의 얼굴에 화색이 돌기 시작했습니다.

하지만 모든 이들의 눈은 종교 지도자들에게 향했습니다. 과연 저들이 어떻게 반응할까? 요한은 … 모독죄 같은 죄목으로 수감되는 게 아닐까? 사람들은 요한이 귀신들린 자일지도 모른다는 소문을 들어 알고 있었습니다. 하지만 그런 소문에 개의치 않았습니다. 그들은 요한의 담대한 성품을 흠모해왔습니다. 하지만 그가 이 나라의 종교 지도자들에게 맞서리라고는 꿈도 꾸지 못했습니다. 아무도, 정말 아무도 그런 일을 한 적이 없었기 때문입니다.

"독사의 자식들아, 누가 너희에게 다가올 진노를 피하라고 일러주더냐?"

지도자들은 일제히 걸음을 멈추었습니다. 그들에게 이런 식으로 말한 사람은 이제까지 아무도 없었습니다. 잠시 후 그들 가운데 한 사람이 망토를 끌어당겨 입을 가리고 바로 옆 사람에게 뭐라고 속삭였습니다. 차례로 그들은 이 돌연한 상황 속에서 물러서자는 신호를 주고받았습니다.

그러나 요한은 여기서 멈추지 않았습니다.

"도끼가 이미 너희 나무 뿌리 위에 놓였노니 너희를 향한 하나님의 진노가 임박했느니라. 그 도끼는 너희 나무를 찍어내 뿌리까지 뽑아낼 것이니라. 하나님의 진

노 아래 너희가 멸망당할 그날이 멀지 않았느니라."

이러한 경고를 들은 그들은 하나같이 외투를 챙겨들고는 황급히 마차로 돌아가버렸습니다. 마차에 오르는 그들은 제각각 어떻게 요한에게 앙갚음을 할 것인가 머리를 굴렸습니다.

잠시 후 군중들 가운데 어떤 이가 환호를 보내기 시작했습니다. 누군가가 박수를 쳤습니다. 그러자 군중 전체가 일어나 박수갈채를 보내기 시작했습니다. 그곳에 있던 모든 이들은 영혼을 짓누르던 족쇄가 떨어져나가는 것을 느꼈습니다. 마침내 누군가가 거대한 종교 조직에 대항하기 시작한 것입니다!

그와 동시에 사람들은 요한을 향해 걸음을 옮겼습니다. 아직 세례를 받지 못한 이들은 이전보다 훨씬 간절한 마음으로 세례를 받고자 했습니다. 요한의 선포에 담긴 더 깊은 차원의 메시지, 지금까지 미처 이해하지 못했던 그 무언가를 그들은 모두 감지했던 것입니다.

그야말로 영광스러운 날이었습니다. 아직까지 아무도 이 눈에 거슬리는 자를 잡아가지 못했습니다. 이 같은 행동은 요한을 죽음으로 몰아넣을 만한 것이었음에도 말입니다.

  그리고 절대 잊지 못할 하루가 또 찾아왔습니다.

7

　또 다른 왕국으로부터 문이 열렸습니다. 창문이 열리듯 요단 강 위로 그 나라의 문이 열렸습니다. 성부 하나님께서 계시는 바로 그곳으로부터 그분의 거룩한 영, 성령이 비둘기같이 날개 치며 활짝 열린 문을 통과하여 요한의 말을 듣고 있는 군중 가운데 한 사람의 머리 위로 내려와 앉았습니다.

　순간 군중을 바라보는 요한의 눈빛은 맹렬히 빛났습니다. 그는 모인 모든 사람들의 얼굴을 유심히 살펴보았습니다. 대체 그것은 무엇이었을까요? 어디에서 시작되었는지 알 수 없는 한 줄기 빛이 비둘기같이 창문 밖을 빠져나와 이 군중 속 누군가의 머리 위로 내려와 앉았던 것입니다.

요한은 다른 이들의 눈에는 그것이 보이지 않았음을 깨달았습니다. 그것은 바로 메시아를 알리는 징조였습니다. 요한은 일순간 말문이 막히는 듯했습니다. 그의 머리 속은 온통 한 가지 생각뿐이었습니다.

'비둘기 같은 그 빛은 대체 어디로 내려온 것인가? 저들 가운데 과연 누구에게 내려온 것인가?'

군중들은 낮은 목소리로 수군대기 시작했습니다. 요한이 애타게 찾는 것이 무엇일까, 그들도 요한의 눈길이 닿는 곳을 따라 이리저리 쳐다보았습니다.

아주 자연스럽게 요한은 크게 외쳤습니다.

"하나님의 어린양을 보라!

이 사람 앞에서 나는 아무것도 아니라. 이제 나를 바라보지 말고 이분을 보아라. 나는 이분의 발 앞에 엎드려 신발 끈을 풀 자격조차 없도다."

성부 하나님도 동의하시는 듯했습니다. 두 왕국의 문

사이에서 하나님께서 친히 말씀하셨습니다.

"너는 내 사랑하는 아들이라. 내가 너를 기뻐하노라."

하나님께서 기뻐하시는 것만큼 요한도 기뻤습니다. 수많은 사람들이 이제 요한을 버리고 예수님을 따르기 시작하는 것을 보면서도 마음이 조금도 괴롭지 않았습니다. 요한은 자신이 바로 이를 위해 이 세상에 왔음을 알고 있었습니다.

요한이 알지 못했던 한 가지는, 지금까지가 그의 사역에서 평탄한 시기였다는 사실입니다. 험난한 사역이 아직 시작되지 않았다는 것을 그는 알지 못했습니다.

8

"나의 사촌 동생에 대해 이야기해보게."

요한이 물었습니다.

"그는 지금 갈릴리에 있습니다. 그 역시 선생님처럼 열두 명의 제자들을 데리고 있지요. 물론 그 외에도 제자들이 더 있습니다. 한 오십에서 육십 명은 될 겁니다. 그 제자들은 그와 늘 붙어다니지요. 그는 이곳저곳에 설교를 하며 다닙니다."

이는 나답의 목소리였습니다. 그는 요한이 갈릴리에 있을 때부터 따르던 제자였습니다. 나답은 예수님의 사역에 대한 이야기를 전하고 있었습니다.

"이따금씩 대규모의 군중 앞에서 설교할 때도 있습니다만, 대개 사람들의 집에서 설교를 합니다."

"무엇을 전하던가?"

"주로 이야기를 많이 해줍니다. 대부분 정말 재미있는 이야기들입니다."

나답은 잠시 말을 멈추었습니다.

"선생님, 그가 술을 마신다는 사실을 혹시 알고 계십니까? 아니, 포도주를 마시더라니까요! 그의 열두 제자들은 저희와 같지 않았습니다. 어찌나 많이 웃던지. 그는 연회에도 초대를 많이 받는 모양입니다. 초대를 받을 때마다 승낙을 하고요. 어떤 이들은 그가, 아니 적어도 그의 제자들이 먹기를 탐하고 포도주를 즐긴다고 말합니다."

요한의 관심은 집요했습니다. 하지만 겉으로 드러난 표정으로는 그의 속생각을 도무지 읽어낼 수 없었습니다. 그 자리에 있던 어떤 사람도 요한이 나답의 보고를 듣고 어떤 생각을 하는지 전혀 알지 못했습니다. 어린 시절로 거슬러 올라가 요한이 보였던 태도, 바로 그것과 같았습니다.

나답은 계속해서 말했습니다.

"그가 친하게 지내는 사람들은 대부분 세리, 창녀 뭐 그런 사람들입니다."

요한의 제자 한 명이 끼어들어 의견을 이야기했습니다.

"선생님, 저희는 굶어 죽을 지경에 이르도록 금식했습니다. 무릎이 벗겨지도록 기도했고요. 선생님의 본을 따라서요. 선생님은 금식하셨고, 일생을 기도하는 데 보내셨으며, 모든 일에 오직 근신하고 절제하는 자세로 사셨습니다.

그런데 선생님의 사촌 동생은 이야기를 전할 뿐입니다. 백합화와 새, 땅에 뿌려진 씨앗과 양에 대한 이야기들이지요. 연회에 가서는 먹고 마시고요. 그는 대체로 삶을 매우 즐기고 있는 것 같습니다. 어떤 사람들은 그를 먹보에 술꾼이라고까지 말할 정도입니다.

선생님, 우리가 조금은 혼란스러워하는 이유를 아시

겠습니까?"

긴 침묵이 흐르고, 요한이 아무 반응도 보이지 않을 것은 점점 분명해졌습니다. 마침내 요한은 숨을 깊이 내쉬고는 자리에서 일어났습니다.

"사람들이 기다리고 있다. 그들에게 오늘 전해야 할 중요한 이야기가 있다."

요한은 가득 모여든 군중 가운데로 걸어가 넓직한 돌 위에 섰습니다. 때는 느지막한 오후였습니다. 서늘한 바람이 갈릴리 바다로부터 이 들판에까지 잔잔히 불어오고 있었습니다. 저물어가는 태양은 하늘을 온통 금빛으로 물들이고 있었습니다.

요한은 사람들을 바라보았습니다. 그리고 다시 한번 자신의 사명을 떠올렸습니다. 그의 사명은 이스라엘 백성들을 회개시키는 것이며, 산을 깎아내리고, 골짜기를 메우며, 이땅을 향한 하나님의 가장 위대한 마지막 사역을 위해 길을 예비하는 것이었습니다.

요한은 큰 소리로 외쳤습니다.

"왕은 자기 동생의 아내를 차지하고 말았다. 헤롯은

제 발로 하나님의 진노 아래로 들어갔다. 그의 아내 헤로디아 역시 심판을 피할 수 없으리라."

분봉 왕 헤롯이 요한의 비난을 들은 것은 바로 그 다음날이었습니다. 이 보고를 들은 헤롯은 분노가 치밀었습니다.

하지만 그의 새 아내, 헤로디아에 비하면 그는 사실 화를 낸 것도 아니었습니다. 헤로디아는 세례 요한에게 가장 참혹하게 복수하겠다고 맹세까지 했습니다. 복수하지 않으면 미칠 것처럼 헤로디아는 요한을 잡아들여 지하 감옥에 처넣으라고 남편에게 마구 소리를 질러댔습니다. 그것도 지금 당장!

그녀의 사악한 계획은 그것으로 끝나지 않았습니다.

9

    프로테우스는 계단 꼭대기, 시끄러운 소리를 내며 열리는 문 너머를 올려보았습니다. 그는 두 로마 간수 사이에 있는 한 죄수의 그림자를 알아볼 수 있었습니다. 족쇄를 차고 있는 죄수는 길고도 좁은 계단을 따라 천천히 힘겨운 걸음을 내딛었습니다.
    프로테우스는 속으로 이런 생각을 하지 않을 수 없었습니다.
  '언제나 당신을 대단한 거물로 상상했지. 하지만 지금, 이 자리에 있는 당신은 평범한 사람으로밖에 보이

지 않는군. 아니, 너무나 허약해보여.'

이윽고 죄수의 모습 전체가 시야에 들어왔습니다. 프로테우스는 요한의 얼굴을 살펴보았습니다. 다른 죄수들과는 달리 그의 표정에서는 도무지 그가 무엇을 생각하는지 알아낼 수 없었습니다. 두려워하고 있는 걸까? 걱정에 시달리고 있는 걸까? 아니면 적개심을 품고 있을까?

프로테우스는 이 특별한 순간 죄수의 감정을 잘 읽어내는 사람이었습니다. 하지만 오늘, 이 죄수로부터는 아무런 정보도 알아낼 수 없었습니다. 프로테우스는 요한 뒤에 서 있던 병사 한 명에게 고개를 돌렸습니다.

"3호실."

그 병사는 철창으로 된 문을 열었습니다. 창살 너머 그 방은 거의 4미터 아래로 움푹 파여 있었습니다. 병사 한 명이 창살 하나에 밧줄을 매고는 구덩이 밑으로 막 들어가려던 그때, 프로테우스가 그를 저지했습니다.

"잠깐! 내가 직접 저 죄수를 매어놓겠다."

이 말과 함께 프로테우스는 두 로마 간수들에게 죄수

의 족쇄를 풀라는 신호를 보냈습니다. 그리고 3호실 문으로 걸어가 쥐가 득실거리는 구덩이 아래로 내려갔습니다.

그곳은 어둡고 축축했습니다. 지하 감옥이 갖출 만한 모든 악조건은 다 갖춘 듯했습니다. 프로테우스는 고개를 위로 젖히고 간수들에게 소리를 질렀습니다. "죄수에게서 물러서라!"

"요한, 그 밧줄을 잡고 여기로 내려오시오!"

요한은 두 손 사이로 밧줄을 미끄러뜨리며 지옥 같은 구덩이로 내려왔습니다.

"이 사슬들은 벽에 단단히 고정되어 있소. 나는 당신의 다리와 손에 족쇄를 채워야 하오. 사슬은 그런 대로 길어 조금 움직일 수는 있을 거요. 이것은 헤롯의 지시를 따른 것이오. 이렇게 밖에 할 수 없어 매우 유감스럽소. 헤롯이 어떻게 할지 결정내리기 전까지 당신은 여기 있게 될 거요."

몇 분 남짓한 시간 동안 프로테우스는 요한의 손목과 발목에 힘겹게 족쇄를 채웠습니다. 이 작업을 끝내고 그는 한 걸음 물러섰습니다.

"당신의 제자들 세 명이 당신을 면회하겠다고 요청을 해왔소. 다음 주쯤 허가가 날 것 같소. 당신에게 먹을 것을 가져다주겠지."

프로테우스는 밧줄을 움켜잡고 이제 위로 올라가려고 했습니다. 그러다 갑자기 동작을 멈추고 뒤돌아서서 요한을 정면으로 바라보았습니다.

"광야에서 당신의 설교를 들은 적이 있소. 나는, 지금 이 상황이…"

"괜찮소."

요한은 대답했습니다.

"당신 잘못이 아니오."

이윽고 프로테우스는 위로 올라가 3호실의 문을 잠그고 모든 병사들에게 지시를 내렸습니다.

"내 말을 잘 들어라. 끔찍한 3호실이지만 어떻게 해서든 저 사람을 편하게 해주어라! 음식이든 물이든 필요한 것은 뭐든지 갖다주어라. 헤롯 왕의 명령에 어긋나지 않는 한 그의 요구를 들어주란 말이다. 한 가지 더

있다. 3호실 문 옆 벽에 요한의 이름을 분명히 써 붙여 두겠다. 저 구덩이 속에 누가 있는지 이곳 사람들 모두가 똑똑히 기억해두어라."

갑자기 1호실에서 한 목소리가 들려왔습니다.

"지금 뭐라고 했소? 세례 요한이 여기에 끌려왔다는 거요?"

프로테우스는 한숨을 쉬었습니다. 다음에 무슨 일이 일어날지는 불 보듯 뻔했기 때문입니다.

10

"헤롯이 일을 저지른 거야. 그렇지? 재수 없는 그 작자가 말이야!

정말, 요한, 요한 맞니? 너 나 기억하지? 너 어릴 적에 내가 널 돌보아주었잖아! 그때만 해도 난 잘 나갔지. 그런데 지금 이 꼴이 뭐냐고!

헤롯은 내 집도, 돈도 모조리 다 가져가버렸어. 재판이 뭐야, 제대로 내 얘긴 들어보지도 않았지. 그러다 결국 이 지옥 같은 구덩이에 처넣어버린 거야. 헤롯은 지금 떵떵거리며 살고 있겠지. 내가 벌어놓은 재물로 호위 호식하며 말이야. 난, 난 완전히 거지꼴이 되었어. 헤롯, 널 두고두고 저주하겠다. 나쁜 인간, 미친 놈!

난 헤롯을 자그만치 20년이나 섬겼다. 정말 충성스럽게 말야. 나만큼 불공평한 대접을 받은 사람은 아무도 없을 거야. 이건 정말 불공평해! 그 괘씸한 인간이 나한테 어떻게 했는지 한번 보라고. 그 미치광이는 밖에서 잘 살고 있고, 이 저주받은 곳에 하나님의 예언자가 들어오다니.

유대 땅에 있는 모든 문제, 모든 고통, 모든 슬픔은 오로지 저 헤롯 때문에 일어났다. 이곳에는 정의도 없고 자비도 없어. 동정심 따위도 없어. 이건 모조리 그의 잘못이야. 모두 다.

요한, 너 내 말 듣고 있냐? 뭐라고 말 좀 해봐! 넌 우리처럼 여기서 썩어 없어질 운명이다. 너는 광야에서 늘 옳은 말만 했지. 사람들 마음에 자리잡은 악은 헛될 뿐이라고 말이야. 헤롯이야말로 죄인 중에 죄인이 아니냐? 그 냉혈 인간만 없었어도 그리고 그 나쁜 인간들, 내가 가진 모든 걸 빼앗으려 헤롯과 음모를 꾸몄던 그

놈들만 없었어도 난 행복하게 떵떵거리며 살고 있을 텐데."

"바르낙, 입 조심해!"

병사 한 명이 소리쳤습니다.

순식간에 감옥 전체가 조용해졌습니다.

1호실에 있던 그 죄수는 입을 다물었습니다. 그러나 불행하게도 그가 한 말에 자극받은 이가 있었으니 바로 그 옆방에 있던 죄수였습니다.

11

　너무나 야위어 뼈만 앙상하게 남은 한 남자가 자기 방문에 바싹 붙어 시위 대장의 눈을 뚫어져라 쳐다보았습니다.
　"요한? 요한이 여기 왔다고? 정말 요한이 여기 마케루스 감옥에 왔단 말이오? 이봐, 프로테우스, 그를 3호실, 3호실에 처넣었단 말이오?"
　"그렇다, 하느엘. 헤롯이 요한을 체포해 이곳으로 보냈다."
　"하나님은 동정심도 없으신가? 감정도 없으셔?"

하느엘은 차갑고도 힘 없는 목소리로 물었습니다.

"우리의 헌신은 하나님께 아무런 의미도 없는 건가? 요한처럼 나도 한때는 하나님을 믿었지. 요한, 너 정말 여기 있는 거냐? 나 기억하니? 나는 정말 하나님 앞에서 경건하고 거룩하게 살았다. 요한, 너도 알잖아, 그렇지?

하지만 그렇게 살던 내가 어떻게 되었는지 한번 봐라. 하나님에 대한 헌신이 너에게 가져다준 게 뭔지 한번 보란 말이다.

하나님을 그토록 사랑하고 순종한 사람들에게 온 결과가 겨우 이것이란 말이냐? 하나님은 대체 어떤 분이길래 우리에게 이런 고통을 허락하시는 거냐?

하나님, 당신은 정말 충실한 종을 이 더러운 구덩이에 처넣으신 겁니다!"

하느엘은 한쪽 팔을 창살 사이로 밀어내 주먹을 움켜쥐고 얼굴을 쳐들며 하나님을 향해 온갖 저주를 퍼부어 댔습니다. 그는 미친 듯이 외쳐대던 독백을 끝내며 이같이 선언했습니다.

"사람들을 이같이 대하는 하나님을 난 다시는 섬기지 않겠다. 나에게 하나님이 필요할 때 하나님은 어디 계신 거지? 요한, 너에게 가장 하나님이 필요할 때, 네 하나님은 어디 계시냐?"

 3호실은 쥐죽은 듯 조용했습니다. 요한은 무슨 생각을 하고 있는 건지, 자기 생각을 아무에게도 털어놓지 않았습니다.

 프로테우스는 궁금해졌습니다.

 '1호실에 있는 죄수는 모든 것을 한 사람 탓으로 돌렸다. 2호실의 죄수는 모든 것을 하나님 탓으로 돌렸다. 3호실의 죄수는 이 모든 것을 누구의 탓으로 돌릴까? 사람? 하나님? 아니면 사촌 동생?'

12

이곳은 나인이라고 불리는 갈릴리의 한 마을입니다. 때는 이른 저녁. 거리 거리마다 환자들을 데리고 나와 예수님을 기다리는 사람들로 가득 찼습니다.

환자들 가운데는 눈먼 이도 있고, 절름발이도 있고, 귀머거리도 있으며, 입에 거품을 무는 걸 가족들이 조심스레 데리고 나온 사람도 있었습니다. 열이 끓는 작은 아기를 품에 안은 한 어머니의 얼굴에는 근심이 가득했습니다. 어떤 어머니는 절름대는 아이를 무릎 위에 앉혀두고 있었습니다.

온갖 질병을 앓는 온갖 계층의 사람들이 다 그곳에 모여 있었습니다. 모두들 어떤 아픔이든 한 가지씩 갖고 있었습니다. 그들은 예수님을 기다리며, 그분이 손으로 베푸시는 치유하고 자유케 하는 능력을 경험하기를 바라고 있었습니다.

  수많은 인파들이 모여들고 있는 곳은 그 마을에서 조금 작은 골목에 위치한 한 집이었습니다. 이 집으로 이어지는 모든 골목 골목을 사람들이 꽉 메우고 있었습니다. 그 집 안마당조차 사람들로 꽉 차 있었습니다.

  이곳저곳마다 온통 아픔과 근심뿐이었습니다. 그 집 안에서 흘러나오는 기쁜 탄성을 들으며, 잠시 후 치유해주신 하나님을 찬양하며 걸어나오는 사람들을 보며 기다리는 사람들은 더욱 안달을 냈습니다.

  이때 새까맣게 그을린 거친 피부에 아무렇게나 옷을 걸친 세 사람이 집 안마당으로 들어섰습니다. 예수님의 제자 한 명이 그들을 알아보고는 집안으로 급히 들어갔습니다. 그가 방 안에 들어가 세 사람이 이곳에 도착했다는 소식을 예수님께 전하려는 그 순간에도 절름발이

한 명이 제 발로 일어나 두 손을 하늘을 향해 들고는 치유해주신 하나님을 찬양하고 있었습니다.

"주님, 요한의 제자들이 이곳에 왔습니다."

예수님은 눈을 들었습니다. 짧은 순간 그분의 눈에 근심의 빛이 어렸습니다.

"사람들을 잠시 밖으로 내보내고 요한의 제자들을 이리로 데려오라. 지금 즉시."

이 말을 건네고 예수님은 바닥에 앉아 생각에 잠긴 채 요한의 제자들을 기다리셨습니다.

잠시 후, 요한의 제자 세 사람이 엄숙한 태도로 예수님 앞에 섰습니다. 꽤 오랫동안 침묵이 흐른 후 마침내 나답이 입을 열었습니다.

"저희는 요한 선생님이 보내서 왔습니다. 그분은 감옥에 계십니다. 헤롯이 그분을 가둔 것은…"

"다 알고 있소."

예수님께서 대답하셨습니다.

"며칠 전 저희는 저희 요한 선생님을 뵙도록 허락받았습니다. 선생님은 더러운 구덩이 속에 갇혀 있습니다. 아마 오래지 않아 헤롯이 그분을 죽일 것이라는 소문도 나돌고 있습니다."

또 다시 침묵이 흘렀습니다. 나답은 예수님께서 혹시 대답할 말씀이 있으신가 하여 잠시 기다렸습니다.

"선생님이 당신에게 물어보라고 하셨습니다. 그분이 저희에게 부탁하신 것은 한 가지입니다. 저희는 바로 그 한 가지를 묻기 위해 먼 길도 마다하지 않고 여기까지 찾아왔습니다."

나답은 또 말을 멈추었습니다. 대꾸하는 자가 없는 것은 아까와 마찬가지였습니다.

"요한 선생님이 당신에게 묻고 싶어하는 것은 바로 이것입니다."

다시 뜸을 들이는 나답의 얼굴은 붉게 상기되어 있었습니다.

"오실 그이가 당신입니까? 그렇지 않으면 다른 이를 기다려야 합니까?"

모두들 놀라 입을 여는 자가 없었습니다. 그 방 안에 있던 모든 사람은 가슴이 메어지는 고통을 느꼈습니다.

요한의 세 제자들의 얼굴과 예수님의 열두 제자들의 얼굴에, 아니 그보다 예수님의 얼굴에 고통의 빛은 역력했습니다.

예수님은 깊이 숨을 내쉬었습니다. 가만히 고개를 떨구는 모습을 보고 모두들 그분이 심히 고민하고 있음을 알 수 있었습니다. 다시 눈을 들어 예수님은 그 질문에 답하기 시작했습니다.

"나답, 요한에게 돌아가시오. 그리고 그에게 이같이 이야기해주시오.

먼저, 소경이 보며 앉은뱅이가 걸으며 귀머거리가 듣는다고 전하시오.

그리고 복음이 전파된다고 나의 사촌에게 전하시오. 복음이 전파될 뿐 아니라 사람들이 기쁨으로 그 복음을 받아들이고 있다고. 복음을 받아들이고 자유를 누리게 되었다고."

주님은 잠시 말을 멈추고 깊은 한숨을 내쉬었습니다. 그리고 아주 느리게 의미를 담아 말씀하셨습니다.

"나답, 마지막으로 요한에게 전하시오. … 요한에게

… 전하시오 …"

그 순간 그분의 목이 메었습니다. 말 한 마디, 한 마디에 고통이 묻어났습니다.

"내 형제 요한에게 전하시오. 나를 인해 실족하지 않는 사람은 복이 있다고 말이오."

예수님은 이제 말을 멈추었습니다. 그리고 일어서서 세 사람과 차례로 포옹한 뒤 열두 제자들에게 몸을 돌렸습니다.

"시간이 너무 늦었구나. 이제 이곳을 떠나야 할 것 같다. 다음 마을로 가자. 밖에서 기다리고 있는 사람들을 돌려보내다오."

요한의 제자들은 그저 놀란 채 그 자리에 서 있었습니다. 혼란스러움을 감추지 못한 채 얼마간 서 있다가 그들은 다시 그곳을 나와 돌아갈 길을 재촉했습니다. 그들이 지나가는 안마당은 이제 텅 비어 있었습니다. 그들이 걸어가는 마을의 골목 골목들도 마찬가지였습니다.

내일이면 예수님은 또 다른 마을로 가실 것입니다.

요한의 제자들은 오늘 만났던 수수께끼 같은 이 사람에 대해 고민하게 될 것입니다.

그런데 그날 저녁 집으로 돌아간 사람들은 무엇을 하게 될까요? 그들은 고침을 받지 못한 채 그냥 집으로 돌아갈 수밖에 없었습니다.

그렇다면 요한은? 사촌 동생의 입에서 나온 이 묘한 이야기에 요한은 과연 어떻게 반응할까요?

13

이제는 요한의 거처가 된 지하 감옥의 축축한 바닥에 요한과 세 제자들이 쪼그려 앉아 있습니다.

"선생님, 선생님의 사촌을 만나고 왔습니다."

"내가 묻는 말을 전했느냐?"

"네, 전했습니다."

"뭐라고 대답하던가?"

"선생님, 그 대답이 참 이상했습니다. 도무지 이해할 수 없었습니다."

요한은 한숨을 내쉬었습니다. 나답이 이렇게 말할 줄

알고 있었지만 말입니다.

"그의 대답이 뭔가?"

"선생님, 그분은 이같이 전하라고 하셨습니다. 소경과 귀머거리와 앉은뱅이가 시력을 되찾고 고침을 받고 나음을 입는다고 말입니다.

그리고 이렇게 전하라고 하셨습니다. 복음이 선포되고 있다고, 사람들이 기쁨으로 그 복음을 받아들이고 있다고 말입니다."

요한은 이 말들을 마음속으로 천천히 되뇌였습니다. 몇 분이 흐르고, 요한의 이마에는 주름이 잡혔습니다. 그는 몸을 앞으로 기울이고 물었습니다.

"그게 전부인가?"

"아닙니다. 그분은 한 가지를 더 말씀하시고는 사람들을 보내고 저희에게 작별을 고하셨습니다. 그분은 '요한에게 전하시오. 나를 인해 실족하지 않는 사람은 복이 있다고 말이오'라고 하셨습니다."

긴 침묵이 흐르고 세 제자들은 요한의 얼굴을 살폈습니다. 이 말을 들은 요한이 어떤 반응을 보일지 그들은 무척 궁금했습니다. 그러나 늘 그렇듯이 요한은 아무런 동요도 보이지 않았습니다. 마침내 요한은 물었습니다.

"내 사촌은 어디에 있는가?"

나답은 대답했습니다.

"갈릴리에 나인이라 불리는 동네에 있습니다. 곳곳에는 병자들뿐입니다. 마을의 큰 거리나 샛길, 골목 골목마다 고침 받기를 기다리는 사람들로 북새통을 이루고 있습니다. 고통에 시달리는 영혼들이 홍수를 이루고 있습니다."

"그들은 고침을 받았느냐?"

"네, 선생님. 많은 이들이 고침을 받았습니다."

이 대답을 들은 요한의 눈이 갑자기 반짝였습니다. 그는 몸을 똑바로 세우고 다시 물었습니다.

"많은 이들이 고침을 받는다고 했느냐?"

"네, 선생님. 많은 이들이요."

"많은 이들?"

요한은 다시 물었습니다.

나답은 어리둥절했습니다.

"네, 선생님. 많은 이들이 나음을 입었습니다."

"많은 이들이라."

요한은 조용히 혼자 되뇌였습니다. 그는 다시 몸을 앞으로 숙였습니다.

"나답, 많은 이들이지? 그렇지? 모두가 고침을 받는 것은 아니지?"

요한의 말에 나답은 당황하여 어쩔 줄 몰랐습니다. 그러다 잠시 후 무언가 깨달은 듯 눈을 반짝이며 요한이 깨달은 놀라운 사실을 자신의 입으로 또박또박 말했습니다.

"네, 선생님. 맞습니다. 고침을 받은 사람은 많지만 모든 이가 고침을 받은 건 아닙니다."

"모든 이가 … 고침을 받은 건 … 아니라 …"

요한은 허공을 멍하니 바라보았습니다. 결국 그는 예수님에게 던졌던 질문, 그의 마음을 그토록 괴롭게 만들었던 그 질문에 대한 답을 찾았을까요? 아니면 답을 찾을 수 없었던 그 문제에 대해 더 큰 혼란만 느끼게 되었을까요?

그 무렵, 답을 찾을 수 없는 문제로 고통을 겪고 있는 사람은 요한만이 아니었습니다.

14

"혼자 있고 싶구나."

예수님께서 제자들에게 말씀하셨습니다.

그분은 혼자 있을 만한 외딴 곳을 찾아 걸어다니셨습니다. 여태 살아온 서른한 해 동안 그리고 영원 속에 선재해 계시던 시간 동안, 하나님의 신비한 뜻을 이해하려고 몸부림치며 고민하는 한 사람에게 이렇듯 강렬히 응답해주고 싶었던 적은 없었습니다.

지금처럼 그분이 분명한 답을 주어야 할 때가 있었을까요? 이 사람, 요한만큼 명확히 답해주어야 할 사람이 있었을까요?

"요한, 네 고통이 심히 크구나. 나도 그것을 느낄 수 있다. 오늘밤 너는 정말이지 나를 이해하고, 나의 길을 통찰하며, 나의 주권에 담긴 수수께끼 같은 문제와 씨름해야 한다. 네 가슴은 산산이 깨어져가고 있구나.

하지만 요한, 이런 과정을 거친 사람은 네가 처음이 아니다. 너는 온갖 질문과 의구심 속에 나에게 부르짖었던 사람들, 전 역사를 거쳐 맥을 이어온 그 많은 사람들 가운데 하나일 뿐이다. 네 부르짖음은 내 뜻이 과연 무엇인지 몰라 고민하며 울부짖던 그 수많은 외침 가운데 하나일 뿐이다."

이 말을 마치자마자 오래 전 일어났던 한 사건의 장면이 시간을 다스리는 주님의 눈앞에 펼쳐지기 시작했습니다.

예수님은 몸서리쳤습니다. 눈앞에 펼쳐진 곳은 애굽이었습니다. 주님은 바로가 다스리는 도시의 거리를 걷기 시작했습니다.

"예전에 난 이곳에 있었다. 이 거리를 걸으며 나의 백성들, 이곳에서 노예 생활을 하던 나의 백성들의 남모르는 울분과 불평, 그들의 기도에 귀를 기울였다."

주님은 잠시 말을 멈추고 주위를 돌아보기 시작했습니다. 그분은 사람들의 기도 하나 하나를 똑똑히 들을 수 있었습니다. 그 기도들은 쇠사슬이 철렁대는 소리와 함께 예수님께 그 목소리를 높이는 듯했습니다.

"너희 야곱의 자손들, 너무나 오랫동안 나를 향해 울부짖으며, 너무나 오랫동안 고통당하고, 너무나 오랫동안 통곡해온 너희. 너희는 무수한 세월 동안 하늘을 향해 얼굴을 들었지만 하늘은 돌과 같았다. 너희 하나님은 귀가 먹은 듯했지. 너희는 노예로 태어나 노예로 자라면서 자유를 부르짖다가 결국 그대로 죽었다.

너희가 부르짖던 기도는 전혀 응답되지 않은 채. 너희 자녀들 역시 너희와 같은 신세로 태어나 그 아비가 찼던 닳고 닳은 족쇄를 찬 채 살아야 했다. 그들 역시 구원을 부르짖었고, 그들 역시 손목에 쇠사슬을 단 채 죽어야 했지."

주님은 계속해서 걸음을 옮기셨습니다.

"너희 자녀들의 자녀들 역시 어른이 되었다. 그들은 내 앞에 나와 무수한 시간 동안 기도를 드리며 부르짖었다. '하나님이여, 우리를 바로의 손에서 구원하소서. 우리 조상 요셉을 모르는 이 노예주로부터 저희를 구원하소서. 오, 하나님, 저희를 고향으로 이끌어주소서.'

그러나 나는 듣지 않았다. 단 한 마디도 듣지 않았다. 너희와 너희 자손들이 열두 세대를 지날 때까지. 사백 년 가까이 너희를 노예로 내버려두었다. 그 긴 시간 동안 단 한 번도 너희 기도에 응답하지 않았다.

너희는 부르짖었지만 나는 대답하지 않았다. 분명한 답을 허락하지 않았으며 내 뜻을 알 수 있는 통찰력도 전혀 주지 않았다. 나의 의도가 무엇인지 아무 설명도 해주지 않았으며, 내가 왜 너희의 울부짖음에 응답하지 않는지 단서도 전혀 주지 않았다. 내 앞에서 너희 마음은 산산이 깨어져버렸다. 나의 마음 역시 산산이 깨어졌다.

사백 년이 흐른 뒤에도 아직 나를 믿는 자들이 있더구나! 사백 년 동안 나에게 아무런 응답을 듣지 못했지만 너희는 여전히 나를 믿고 있었지!"

그 순간 날카로운 비명이 들려왔습니다. 그것은 한 어머니의 음성이었습니다.

"오, 하나님, 정말 살아계시다면 제발 응답해주세요! 내일이면 이 사랑스러운 아이를 영원히 제 품에서 떠나보내야 합니다. 아이는 쇠고랑을 찬 노예가 되어 나일 강가에서 죽을 때까지 벽돌을 만들게 될 겁니다.

우리 아이를 다시는 보지 못하게 된다면, 아, 저는 죽음을 택하겠습니다. 내일이면 우리 아이 손목에 쇠사슬이 채워질 것이고, 아이는 그대로 평생을 살다 죽을 겁니다. 주님, 제 기도를 듣고 계세요?"

주님의 두 눈에는 눈물이 맺혔습니다.

"오, 이스라엘이여, 너희는 명백한 한 가지 사실 앞에 서 있구나. 오, 여인이여, 다른 모든 이들과 같이, 나의 사촌 요한과 같이, 구덩이 속에서 쇠약해져가는 요한과 같이 … 한 가지 명백한 진실 앞에 서 있구나. 너희 하나님은 너희 기대와는 다르게 행하신단다."

장면은 바뀌었습니다. 장소는 똑같은 애굽이지만 많은 세월이 흐른 뒤였습니다. 시간을 다스리는 주님은 이제 펼쳐지는 극적인 장면 속으로, 노예 이야기가 아닌 죽음 이야기 속으로 걸어 들어가셨습니다.

여인들은 미친 듯이 거리를 달려 내려가고, 애굽 병사들은 그 뒤를 쫓았습니다. 그날은 유대인의 모든 맏아들이 죽임을 당하는 날이었습니다.

아니, 단 한 명의 아이를 제외한 채 말입니다. 그 외로운 생존자는 앞으로 어른이 되어 이스라엘 민족을 애굽의 손에서 구원해낼 인물입니다.

그러나 공포에 질린 어머니들은 아무도 그 사실을 알지 못했습니다. 팔십 년 후 하나님께서 이 아이들의 죽음에 대해 원수를 갚고 이스라엘을 자유케 하실 것이라는 사실을 이들은 전혀 모른 채 평생을 살았습니다.

"아무도 몰랐다."

예수님은 한숨을 내쉬었습니다.

"물론 훗날 알게 되었지. 이땅이 아닌 곳에서 말이다. 이곳에서 평생을 사는 동안 그들이 알게 된 것이라고는, 그들이 가장 나를 필요로 할 때 내가 응답하지 않았다는 것이다. 오늘 그들은, 다른 모든 이들과 마찬가지로 전혀 이해할 수 없는 하나님을 만난 것이다.

  과거 세대들도 늘 그랬고, 앞으로 올 모든 세대들도 그러겠지."

15

 장면은 다시 바뀌었습니다. 시간과 공간을 초월하는 주님은 다시 갈릴리에 돌아가 홀로 머무셨습니다. 그리고 다시 입을 여셨습니다.

 "내가 애굽에 살았던 백성들을 돌아보았다면 어떠했을까? 잿더미에 앉아 있던 욥을 돌아보았다면, 진흙구덩이에 빠진 예레미야를 돌아보았다면, 느부갓네살의 군대가 예루살렘을 에워싸고 이스라엘 백성들을 노예로 삼아 데려갈 때 나의 백성들을 돌아보았다면 어떠했을까? 내가 속시원히 응답해주고 설명해주었다면 정말

어떠했을까?

 내가 응답해야 할 단 하루를 꼽으라면, 그날은 바로 오늘일 텐데.

 지금 나는 살과 피를 지니고 있다. 나에겐 엘리사벳을 사랑하고 엘리사벳의 아들을 사랑하는 육신의 어머니가 있지. 어머니는 엘리사벳의 아들이 죽길 원하지 않으며, 다른 모든 이들처럼 어머니 역시 이 상황을 이해하기를 너무나도 원하고 있다.

 지금 나에게는 형제와 자매도 있다. 나는 이땅을 딛고 사는 인간이다. 혈관을 타고 피가 흐르며, 인간적인 감정을 느끼고, 가족에 대한 책임감도 있다. 요한과 나는 우리 두 가족의 맏아들이다. 헤롯의 사악한 행위를 인간의 눈으로 보게 되는구나. 아니, 그것만 인간의 눈으로 보게 되는 것은 아니다. 시선이 닿는 곳마다 나의 모든 백성들은 자신이 만들지 않은 상황 속에 갇혀 있구나.

 내가 사람들이 갖고 있는 의문에 가장 응답해주고 싶은 순간이 있다면 바로 지금이다. 요한, 바로 너에게 나의 길에 대해 설명해주고 싶구나.

요한, 나는 네가 열두 살 어린 나이로 광야에 들어가는 것을 보았다. 하루, 아니 몇 주를 넘겨 수년간 너는 금식했으며, 광야의 찌꺼기를 음식 삼았고, 광야의 쓰레기를 옷으로 삼았다. 너의 부드러운 살갗이 짐승의 가죽처럼 변해가는 것을 보았다. 네가 보통 사람들과는 다르게 너무 빨리 늙어버리는 것도 보았다.

나를 향한 너의 신실함은 무엇과도 족히 비교할 수 없구나. 하와가 첫 아이를 낳은 이래로 너와 같은 이는 아무도 없었다.

내가 너에게 허락한 사명은 모세에게 허락했던 사명보다 더 위대한 것이다. 너는 이전의 어떤 인물들보다 더 위대한 선지자다.

무엇보다 요한, 너는 나와 가까운 친척이다. 우리는 살과 피를 나누었다.

내가 한 인간의 의문에 답을 주고 싶은 순간이 있다면, 나의 주권에 대해 설명해주고 싶은 날이 있다면, 그것은 바로 오늘일 것이다. 그러나 아직 너에게 답을 주지 않았지. 다른 모든 이들처럼 너도 주님을 완전히 이해하지는 못할 것이다.

하나님은 그 자녀들의 일생 가운데 어떤 일을 펼치시는지 좀처럼 분명히 알려주지 않으신다."

천사들도 그대를 놓아달라 요청하며,
죽음도 네 앞에 서서 통곡한다 하여도,
응답은 내게서 네게로 주어지지 않으리.

16

 나인 성의 날이 밝아오면서 그 전날 밤 그곳에 모였던 군중들은 견디기 어려운 충격을 받아야 했습니다. 예수님께서 전날 저녁 사람들을 돌려보내고 난 후, 그날 밤에 그 마을을 떠나셨다는 소식이 들려온 것입니다. 그분은 떠나셨고 아무도 그분이 어디에 계신지 알 수 없었습니다.
 다메섹에서 앉은뱅이 아이를 데리고 왔던 한 어머니는 그날 아침 다시 집을 향해 먼 걸음을 옮겨야 했습니다. 어미 품에 안긴 사랑하는 아이의 굽은 다리는 앞으로도 영영 치료받지 못할 것입니다. 남은 긴 평생 동안 이 어머니는 왜 주님이 군중을 흩으시기 전 몇 분이라도 더 기다리지 않으셨는지 의아하게 여길 것입니다. 그녀는 바로 다음 차례였습니다.

"나를 인해 실족하지 않는 사람은 복이 있다."

같은 날 아침, 한 노인은 안내를 해주는 친구의 손을 붙잡고 집으로 향했습니다. 그는 죽는 날까지 궁금히 여길 것입니다. 몇 분만 더 일찍 그 치료자에게 갔더라면 어떤 세상을 볼 수 있었을까? 하지만 그는 영원히 어두움 속에서 그리고 의문 속에서 살아야 했습니다.

"나를 인해 실족하지 않는 사람은 복이 있다."

집을 향하는 한 어머니 곁에는 어린 시절 사고로 얼굴을 다쳐 그 흉이 영원히 남게 된 딸이 걷고 있었습니다. 심한 낙담 속에 보낸 그날 하루 그리고 이어지는 몇 주, 아니 몇 해 동안 어머니가 아이의 얼굴을 내려다볼 때면, 아이는 이렇게 물을 것입니다. 왜 그날 갈릴리에서 자신은 치료받을 수 없었느냐고.

"엄마, 많은 사람들이 치료받았잖아요."

어머니는 이런저런 대답을 해줄 것입니다. 그러나 그 어떤 대답도 어머니나 딸의 마음을 속시원하게 해주지 못할 것입니다. 그 두 사람은 영원히 왜 주님이 그날 저녁에 사람들을 떠나셨는지, 조금만 더 오래 남아 그들을 돌보아주지 않았는지 이상하게 여길 것입니다. 그 어머니는 언젠가 죽어 무덤으로 향하고, 딸은 자라나 얼굴에 큰 흉터를 지닌 여인이 될 것입니다.

"나를 인해 실족하지 않는 사람은 복이 있다."

병든 아기는 죽을 것입니다. 간질을 앓는 아이는 평생 발작을 일으킬 것입니다. 열병을 앓고 있는 어린 소녀는 건강을 되찾을 때까지 몇 주를 고통 가운데 보내게 될 것입니다. 귀먹은 벙어리는 남은 평생을 성 문에

서 구걸하며 보내게 될 것입니다.

    이들과 함께, 더 비극적인 아픔을 지닌 다른 많은 사람들이 그날 아침 나인 성을 떠났습니다. 그들 한 사람, 한 사람의 절망감은 어떤 말로도 표현할 수 없었습니다. 무엇보다 더 절망스러운 것은 하나님께서 당신의 뜻에 대해 아무런 말씀도 해주지 않으셨다는 것입니다.

    많은 사람이 나음을 입었습니다. 그러나 모두가 나음을 입은 것은 아니었습니다.

    "나를 인해 실족하지 않는 사람은 복이 있다."

17

프로테우스는 무거운 감옥 문을 열어 햇빛이 비치는 밖으로 빠져나왔습니다. 고약한 냄새가 진동하는 지하 감옥을 빠져나와 잠시라도 신선한 공기를 마시고 싶었던 것입니다. 때마침 헤롯 궁전에서 흘러나오는 음악이 그의 귀를 사로잡았습니다. 그날 저녁 헤롯은 친구들과 함께 성대한 연회를 열고 있었습니다.

"생일을 자축하고 있군!"

프로테우스는 속으로 중얼거렸습니다.

'흥청망청 술을 마셔대겠군. 그렇다면…'

갑자기 프로테우스는 온몸이 오싹해졌습니다.

헤롯이 세례 요한을 연회장으로 불러내어 사람들 앞에서 조롱거리로 만들지 모를 일이었습니다.

"헤롯은 그러고도 남을 사람이야."

주위를 서성거리던 프로테우스는 급히 감옥으로 몸을 돌렸습니다. 요한에게 미리 귀띔을 해두고 싶었던 것입니다. 이 저녁이 다가기 전에 그에게 무슨 일이 일어날지 모른다고 말입니다.

그러나 요한이 있는 방에 미처 이르기도 전에, 누군가가 프로테우스의 어깨 위에 묵직한 손을 얹었습니다. 헤롯의 호위병이었습니다.

"요한 때문이오? 요한 때문에 이곳에 온 거요? 헤롯이 그를 조롱거리로 삼으려는 거요?"

"아니, 그보다 훨씬 상황이 나쁘오."

호위병은 불안함을 감추지 못했습니다.

"그보다 훨씬, 훨씬 나쁘오. 헤롯의 아내의 딸 살로메가 손님들 앞에서 춤을 추었다오. 술에 잔뜩 취해 있던 헤롯은 인사불성이 되어 살로메가 원하는 것은 뭐든지

들어주겠다고 제안했소. 나라의 절반까지도 주겠다고 말이오. 그러자 살로메는 자기 어머니에게 가서 이 수지맞는 제안에 무얼 요구할지 물었소."

잠시 말을 잇지 못하던 호위병은 이같이 말했습니다.

"프로테우스, 오늘밤 헤롯을 찾아온 손님들 앞에 펼쳐질 구경거리는 단지 세례 요한을 조롱하는 것에서 그치지 않소. 그보다 훨씬 무시무시한 일이 벌어질 거요. 요한의 머리가, 요한의 머리가 소반에 담겨 연회장으로 옮겨질 거란 말이오!"

프로테우스는 순간 중심을 잃어버렸습니다. 눈앞이 완전히 흐려졌습니다. 호위병은 프로테우스가 쓰러지지 않도록 그를 얼른 붙잡았습니다.

"그 소식을 들었을 때 나 역시 그랬소."

호위병은 말했습니다.

프로테우스는 물었습니다.

"이제 어떻게 해야 하오?"

"요한에게 살 시간이 오 분밖에 남지 않았다고 말해주어야 하오. 그를 데려오시오."

"오, 주님, 은혜를 베푸소서."

프로테우스는 중얼거렸습니다.

"하나님이 계시다면, 그분이 정말 유대인의 하나님이시라면, 이제 우리가 해야 할 일 위에 자비를 베푸시기를 바랄 수밖에."

18

"요한, 사람들이 왔구나. 네가 생각했던 것보다 훨씬 빨리 왔겠지. 몇 분 후면, 이제 너는 이 세상에 존재하지 않게 될 것이다. 너의 제자들에게 소식을 전할 시간도 없구나. 그토록 네 안전을 염려했던 나의 어머니 마리아에게도 말이다. 그 누구에게 한 마디 남길 기회조차 너는 갖지 못할 것이다. 그동안 나에게 쏟아부었던 질문을 다시 던져볼 수도 없을 것이다.

오 분도 채 안 되어 너는 죽게 될 것이다. 사 분 동안 사람의 머리 속에 얼마나 많은 생각이 오갈 수 있을까?

얼마나 많은 질문이 오갈 수 있을까? 그리 많지는 않겠지. 그러나 요한, 무엇보다 더 절망스러운 것은 그 질문에 아무 대답도 들을 수 없을 것이라는 사실이다."

"요한, 나를 인해 실족하지 않는 사람은 복이 있다."

"사람들이 너의 사슬을 벗기고 있구나. 계단이 눈앞에 있구나. 계단 위쪽으로 난 문은 열려 있다. 그 위로 햇빛이 비치는 걸 느낄 수 있겠구나.

요한, 왜 너에게 이런 일이 일어나는 걸까? 많은 사람들 가운데 하필 너에게. 그들은 너의 머리를 잘라내고 말 테지. 그 이유가 … 한 어린 소녀가 춘 음란한 춤 때문이라니. 아, 이 얼마나 얄궂은 일인가?

너는 서른세번째 생일을 맞이하지도 못한 채, 내가 왜 너를 불렀는지 정확한 이유를 모른 채 죽음을 맞이하겠구나. 이땅에서 너의 삶이 도대체 어떤 의미였는지 알지 못한 채. 타는 듯한 광야에서 보낸 긴 세월 동안 너는 이땅에서 누릴 모든 혜택을 거부했다. 간신히 생

명을 유지하기 위한 음식과 물을 제외하곤 말이다. 네가 이 모든 것을 행했던 것은 나를 위해서였다. 죽음을 눈앞에 둔 지금도, 너의 삶은 헛된 것이 아니었음을 말해주는 증거는 아무것도 보이지 않는구나. 네가 가장 나를 필요로 하는 이 순간 나는 너를 버린 걸까?"

"나를 인해 실족하지 않는 사람은 복이 있다."

"넌 이제 계단 가장 꼭대기에 올라섰다. 사람들이 어느 쪽으로 데려갈지 너는 모르겠구나. 간수 한 명이 왼쪽을 가리킨다. 너는 그 뒤를 따르고 있다. 차라리 꿈이라면 좋겠구나. 돌이킬 수 없는 죽음을 맞이하기 전에 너에게 주어진 시간은 일 분도 남지 않았다. 너는 나를 오해했던 걸까? 잘못 판단한 걸까? 나의 음성을 듣지 못했던 건 아닐까?
　그 긴 세월 동안 너는 광야에서 홀로 살았다. 다른 사람들과 함께 있어 누리는 사랑이나 안락함을 모르고 살았지. 나는 끝내 너에게 그러한 안락함을 주지 않으려는 걸까? 무릎 위에 앉아 노는 귀여운 자녀들을 보는 즐거움도 넌 한 번도 누려보지 못했다. 단 한 번도 여자와 만나본 적이 없으며 아내를 둔 적도 없지. 친밀한 사랑도, 즐거운 우정도 누려본 적이 없지.

너는 평생을 오직 너의 소명을 위해 그리고 날 위해 살았다. 네 인생의 마지막 순간, 베일을 벗겨내어 네 인생과 네 죽음에 담겨 있는 나의 뜻을 아주 조금이라도 알려줄 수 있다면…. 너는 계속되는 의문 가운데 죽음을 맞이할 것이다.

나는 왜 그렇게 먹고 마셨던 걸까? 네가 금식할 때 왜 나는 금식하지 않았을까? 네가 기도할 때 왜 나는 기도하지 않았을까? 메시아는 슬픔의 사람이요 번민과 친숙한 자가 아닌가?

너는 오늘 부정하고 할례받지 못했으며 이교도이자 이방인인 로마인들의 손에 죽게 되겠지. 그러나 그들의 손에 네가 죽게 될지라도 그 죽음은 오직 나의 주권적인 결정에 의해서만 이루어질 것이다. 너는 왜 내가 이렇게 이해할 수 없는 죽음을 허락했는지 이해하지 못한 채 죽게 되겠지."

"나를 인해 실족하지 않는 사람은 복이 있다."

"유월절을 맞으러 내가 예루살렘에 입성할 때 군중들이 외치는 소리를 너는 듣지 못하겠지. 내가 십자가에 못박히는 장면도 보지 못할 것이며 부활하여 죽음을 이겼다는 소식도 듣지 못할 것이다. 너는 네가 다름 아닌 하나님의 아들의 오심을 예비했다는 사실을 알지 못한 채 죽게 될 것이다. 이제 죽기까지 몇 초밖에 남지 않았는데 아직 네가 가진 의문을 풀어줄 응답을 받지 못하고 있구나. 너는 이해하지 못한 채 죽게 되겠지."

"요한, 나를 인해 실족하지 않는 사람은 복이 있다."

"사람들이 앞뜰로 향하는 문을 열어두었더구나. 그곳 받침대 위에 너는 네 목을 누일 것이며, 그곳에 서 있는 남자가 네 생명을 취하게 될 것이다. 너는 지금까지 살았던 인물 가운데 가장 위대한 자로 기억될 것이다. 그러나 너는 그 사실을 모를 테지. 하나님의 아들이 너를 두고 '여자가 낳은 자 가운데 요한보다 큰 이가 없도다'라고 말하는 것을 듣지 못하겠지.

　무릎 꿇는 지금, 너는 네 자신이 완전히 실패한 것은 아닐까 두려워하고 있구나. 너는 너무나 많은 것을 바쳤다. 너의 삶을 온전히 부어드렸으며 오로지 하나님만을 위해 살았다. 이 모든 헌신조차 네가 던지는 단 하나의 질문에 답하시도록 하나님의 마음을 바꾸지 못했지. 네가 하나님께 드리는 유일한 요구인데도 말이다.

　전에도 나는 너에게 응답해주지 않았으며 지금까지도 응답해주지 않고 있다. 나는 언제나 사람들에게 '왜'라는 질문에는 답을 주지 않았다. 그것이 나의 방식이다. 그러나 지금까지 이땅에 살았던 사람들 가운데 나의 목적을 분명하게 보여주고 싶은 사람이 있다면, 그것은 너 요한이다. 그것도 지금 이 순간. 지금까지 살았던 그 누구에게보다 요한, 바로 너에게 나는 응답해주고 싶구나."

요한은 무릎을 꿇고 머리를 단두대 위에 얹었습니다.

"요한, 내가 너를 불러 네가 메시아의 오심을 외치게 될 것이라고 말했을 때 너는 생각했지. 나를 위해 길을 예비하는 너는, 장차 영광 가운데 메시아가 오는 날을 기쁘게 맞이하게 될 것이라고.

하지만 오늘 너는 도저히 이해할 수 없는 하나님을 만나고 있구나. 그것이 바로 나의 주권에 담겨 있는 비밀이다. 그것이 바로 내가 온 세대를 인도하는 방법이지. 그 누구도 나를 완전히 이해하지 못했으며 그것은 앞으로도 마찬가지다. 언제나 나는 사람들의 기대 밖의 일을 행한단다. 나는 사람들이 예견하는 것과는 다른 방법으로 내 뜻을 이룰 것이다.

칼날은 네 머리 위로 올라섰구나. 죽음은 네 옆에 서 있구나. 아, 나의 형제 요한아, 너는 하나님의 임재 가운데, 너의 기대대로 행하지 않으시는 그분의 임재 가운데 죽음을 맞이하는구나."

"나를 인해 실족하지 않는 사람은 복이 있다."

66 하나님께서 당신의 길을 보여주실 때,
우리는 너무 조금 보여주신다며 원망할 것인가,
아니면 그에 만족하며 기뻐할 것인가?

19

　요한을 기다리고 있던 그날은 우리 모두를 기다리고 있습니다. 그날을 피할 수는 없습니다. 왜냐하면 모든 성도들은 자기 나름대로 하나님은 이런 분이다, 이런 상황에서는 이렇게 행하실 것이다, 라고 상상하기 때문입니다. 하지만 하나님은 우리의 상상과는 전혀 다른 분입니다.

　우리가 지금까지 대면해온 하나님은 완전히 이해할 수 없는 분이었을 것입니다. 지금까지 만나온 하나님은 우리 기대대로 움직이지 않으시는 분이었을 것입니다.

모든 성도들은 자신의 생각대로 일하지 않으시는 하나님을 꽉 붙들어야 합니다.

믿음으로 주님을 알려고 하지 않는 한 우리는 그분을 전혀 알 수 없습니다. 믿고 신뢰해야 할 대상은 그분입니다. 그분의 방법이 아닙니다.

오늘 우리는 너무나 무정하게 우리의 마음을 상하게 한 사람들로 인해 분개합니다. 하지만 우리가 과연 그들에게 분개하고 있는 걸까요? 사실 우리는 하나님께 화를 내고 있는 것입니다. 결국 우리는 사람이 아닌 주님의 주권적인 손길과 상대하고 있기 때문입니다.

우리가 던져야 할 질문은 이런 것이 아닙니다.

"하나님, 왜 이렇게 행하십니까? 하나님은 정말 이런 분이십니까?"

이런 질문도 아닙니다.

"하나님, 왜 저에게 응답해주지 않으시는 거죠?"

이런 질문 또한 아닙니다.

"왜 하나님은 저에게, 저의 자녀들에게, 아내에게, 남편에게, 가족들에게 이런 불행을 허락하십니까?"

"어떻게 이렇게 불공평하실 수 있나요?"

그분의 나라 앞에서 우리가 만나야 할 질문은 이것입니다.

"당신은 도저히 이해할 수 없는 하나님을 따르겠습니까?"

"당신의 기대대로 행하지 않으시는 하나님을 따르겠습니까?"

주님은 우리의 삶 가운데 도저히 견뎌내기 힘든 무언가를 허락해두셨습니다. 그 짐은 분명 무척이나 무거울 것입니다. 그분이 정말 '이렇게' 행하실 줄 생각지도 못했을 것입니다.

그럼에도 우리가 답해야 할 질문은 여전히 남아 있습니다.

"당신은 당신의 기대대로 행하지 않으시는 하나님, 그분을 계속 따르겠습니까?"

에필로그
Epilogue

"3호실이 비었습니다, 대장님."

"머지 않아 그 방도 차게 될 거다. 새로운 죄수가 온다는 전갈을 방금 받았거든."

"그 사람의 죄목은 무엇입니까?"

"글쎄, 나도 모르겠지만, 요한만큼이나 무고한 사람일 가능성은 언제나 있는 법이지."

병사는 어린애같이 투덜거렸습니다.

"그런 죄수들은 이제 지긋지긋합니다. 우리가 데리고 있는 1호실의 죄수는 불공평하다며 불평하고, 사람에 대해, 상황에 대해 불평하지요. 2호실의 죄수는 하나님께서 자기한테 하신 일 때문에 하나님을 원망하잖습니까? 그런데 …"

"새로운 죄수가 도착했습니다."

계단 꼭대기에서 누군가가 말했습니다.

"밧줄을 가져와."

프로테우스가 간수에게 말했습니다.

"죄수를 저 진흙 구덩이로 내려보내."

이 죄수는 누구일까요? 이제 3호실에 갇히게 된 이

사람은 누구일까요? 3호실 문 옆에 기록될 이름은 무엇일까요? 한 가지 분명한 사실이 있습니다. 그 죄수가 이곳에 온 것은 피할 수 없는 일이었다는 것입니다. 피할 수 없으며 어쩔 수 없는, 다름 아닌 하나님의 주권에 따른 결과라는 것입니다.

그 죄수의 이름은? 여기서 꼭 그것을 물을 필요는 없지만, 답하자면, 바로 당신, 당신이 그 3호실의 죄수입니다!

"나를 인해 실족하지 않는 사람은 복이 있다."

※ ※ ※

"혹시, 나의 사촌?"

"그래, 요한."

"예수?"

"그래, 요한. 나다."

"나의 주, 나의 하나님 … 죽음을 맞이하기까지 제가 얼마나 많은 의문으로 힘들었는지 아십니까?"

"내가 죽음을 맞이할 때도 그랬다. 내가 너에게 응답해주지 않았듯이 아버지도 나에게 응답해주지 않으셨지. 우리가 죽음을 맞이한 상황은 참 비슷했다."

"당신이 죽었다고요? 당신 역시 저처럼 불명예스럽게 죽음을 맞이했다고요?"

"그래, 요한. 그러나 나는 죽음에서 부활했다."

"죽음에서 부활했다고요? 하지만 어떻게?"

"이리로 오거라, 내 형제 요한아. 내 손을 잡아라. 이제 때가 되었구나. 이제 내가 너를 네가 알고 있는 그곳으로, 네가 기억되는 그때로 인도하겠다."

우리가 현재 겪고 있는 고통은
그 누구도 온전히 이해할 수 없습니다.
그 고통이 단순히 상황 때문에 온 것이든, 다른 이의
행동 때문에 온 것이든 분명한 사실이 하나 있습니다.
지금 이 비극이 우리 삶 속에 찾아오기 전에
먼저 하나님의 주권적인 손길을 거쳤다는 것입니다.

"나를 인해 실족하지 않는 사람은 복이 있다."

진 에드위드의 책들

세 왕 이야기(A Tale of Three Kings)
3호실의 죄수(The Prisoner in the Third Cell)
The Divine Romance
Revolution : The Story of the Early Church
The Inward Journey
The Highest Life
The Secret to the Christian Life
Letters to a Devastated Christian
What Happens When a Christian Dies
Climb the Highest Mountain
Crucified by Christians
Our Mission
Overlooked Christianity
The Silas Diary